KB167378

_____ 학교 ____ 학년____반 _____ 의 책이에요.

신나는 **교과 체험학습** 시리즈 이렇게 활용하세요!

'체험학습'이란 책에서나 수업 시간에 배운 지식을 실제 현장에서 직접 경험해 보는 공부 방법이에요. 단순히 전시된 물건을 관람하거나 공연을 보는 것이 아니라 학습을 하기 전에 미리 필요한 정보를 조사하는 것까지를 포함한 모든 활동을 의미해요. 어떻게 공부할 것인지를 준비하면 그렇지 않은 경우보다 훨씬 더 많은 것을 보고 느끼게 되겠지요. 이 책은 체험학습을 하려는 어린이들에게 좋은 길잡이 역할을 할 거예요.

❶ 가기 전에 읽어 보세요

이 책은 체험학습 현장을 어린이들이 쉽게 이해할 수 있도록 풀이한 안내서예요. 어린이들이 직접 체험학습 현장을 찾아가는 데 필요한 정보가 들어 있어요. 체험학습 현장을 가기 전에 꼼꼼히 읽어 보세요.

❷ 현장에서 비교해 보세요

나무와 풀, 곤충과 친구가 되고 싶다면 서울숲에 가 보세요. 우리 주변에서 흔히 접해 왔던 나무를 매개로 하여 도심 속의 숲을 만들었답니다. 서울숲을 뛰놀다 보면 저절로 자연과 친구가 된답니다.

❸ 스스로 활동해 보세요

이 시리즈는 단지 지식을 전달하기 위한 교양서가 아니에요. 어린이 여러분이 교과서로 수업 시간에 배운 내용을 실제 현장에서 직접 체험하며 익힐 수 있도록 다양한 활동 내용을 담았지요. 책 중간이나 뒷부분에 이해를 돕기 위한 활동이 있으니 꼭 스스로 정리해 보세요.

❹ 견학 후 활동이 다양해요

체험학습 후에는 반드시 견학 후 여러 가지 활동을 해 보세요. 보고서 쓰기, 신문 만들기, 그림 그리기 등을 통해 체험학습에서 보고 들은 내용을 다시 한번 정리하면 알찬 체험학습이 될 거예요.

신나는 교과 체험학습 55

도심의 숲에서 풀과 나무와 친구가 돼요 서울숲

초판 1쇄 발행 | 2007. 7. 10.
개정 3판 4쇄 발행 | 2023. 11. 10.

글 서울숲사랑모임 | **그림** 맹주희

발행처 김영사 | **발행인** 고세규
등록번호 제 406-2003-036호 | **등록일자** 1979. 5. 17.
주소 경기도 파주시 문발로 197(우·10881)
전화 마케팅부 031-955-3100 | 편집부 031-955-3113~20 | 팩스 031-955-31111

값은 표지에 있습니다.
ISBN 978-89-349-9645-3 64000
ISBN 978-89-349-8306-4 (세트)

좋은 독자가 좋은 책을 만듭니다. 김영사는 독자 여러분의 의견에 항상 귀 기울이고 있습니다.
전자우편 book@gimmyoung.com | 홈페이지 www.gimmyoungjr.com

어린이제품 안전특별법에 의한 표시사항

제품명 도서 **제조년월일** 2023년 11월 10일 **제조사명** 김영사 **주소** 10881 경기도 파주시 문발로 197
전화번호 031-955-3100 **제조국명** 대한민국 ⚠**주의** 책 모서리에 찍히거나 책장에 베이지 않게 조심하세요.

도심의 숲에서 풀과 나무와 친구가 돼요

서울숲

글 서울숲사랑모임 그림 맹주희

주니어김영사

차례

서울숲에 가기 전에

미리 준비하세요

준비물   사진기, 필기도구, 모자, 돋보기, 《서울숲》 책

옷차림   활동하기 간편한 옷차림. 야외에서 활동하기 때문에 여름에는

           반드시 모자를 준비해요.

홈페이지   서울숲 seoulforest.or.kr

※ 서울숲에서는 여러 가지 생태 프로그램을 진행하고 있어요. 인터넷에서 미리 예약하면
    서울숲지킴이가 진행하는 생태 프로그램에 참가할 수 있습니다.

미리 알아 두세요

일 년 내내 24시간 운영되고 있어서 언제든지 갈 수 있어요.

하지만 생태숲 안에 동물이 사는 곳은 오전 5시 30분부터 오후 9시 30분까지만

열어 놓으니 동물을 보려면 시간을 지켜 가도록 해요.

입장료	무료
문의	서울숲 관리사무소 02) 460–2905
주소	서울특별시 성동구 뚝섬로 273
가는 방법	분당선 서울숲역 4번 출구로 나오면 걸어서 2분 정도 걸려요.
	2호선 뚝섬역 8번 출구로 나오면 걸어서 10분 정도 걸려요.
버스	**지선** 2014번, 2412번, 2224번, 2413번
	간선 121번, 141번, 145번, 148번, 463번
자전거	청계천 변을 따라 만들어진 자전거 도로를 따라올 수도 있어요.

서울숲은요……

서울숲은 서울시 뚝섬에 꾸며 놓은 자연친화적인 생태숲이에요. 오랫동안 이 곳을 어떻게 개발할 것인지를 놓고 여러 의견이 오간 끝에 많은 시민들의 바람 대로 자연과 함께 숨 쉴 수 있는 커다란 생태숲이 태어났어요. 많은 시민들이 직접 서울숲에 나무도 심고, 공원을 관리하고 운영하는 데 애쓰고 있어요. 서울숲 은 사람들이 자연을 가깝게 느끼며 쉴 수 있는 편안한 곳으로 사랑받고 있어요. 콘크리트와 매연으로 가득 찬 도심에서 푸른 나무와 풀, 아름다운 꽃과 새를 볼 수 있고, 신선한 공기를 마실 수 있는 곳이지요. 더구나 서울숲에서는 사슴이나 고라니 같은 야생 동물도 만날 수 있답니다.

서울숲에서 나무와 풀을 관찰하고, 꽃과 노래하고, 동물들과 뛰놀고, 곤충들 과 친구가 되어 보는 건 어떨까요? 친구가 되려면 먼저 친구를 알고 이해해야겠 지요?

자, 어서 서울숲에 사는 친구들을 만나러 떠나 볼까요?

한눈에 보는 서울숲

서울숲은 문화예술공원, 생태숲, 체험학습원, 습지생태원, 한강수변공원으로 이루어져 있어요. 넓디 넓은 서울숲 구석구석을 다 돌아보려면 시간도 많이 걸리고 힘들기도 하니 미리 계획을 잡고 돌아보아요.

생태숲

생태숲 위를 가로지르는 보행 전망교에서 사슴, 다람쥐, 고라니 같은 야생 동물을 볼 수 있고, 억새밭이 있는 바람의 언덕에 서면 아주 멋진 경치가 펼쳐진답니다.

한강수변공원

생태숲의 보행전망교를 통해 서울숲과 연결되어 있어요. 한강 가에서 벌어지는 다양한 행사와 학습 활동, 수상 스포츠와 여러 가지 놀이 활동을 즐길 수 있어요.

생태숲

보행전망교

사슴우리

한강수변공원

성수대교

추천 코스 어린이 여러분, 이렇게 다니면 좋아요

출발!

군마상 ➡ 바닥분수 ➡ 거울연못 ➡ 물놀이터 ➡ 숲속놀이터 ➡ 갤러리정원
➡ 곤충식물원 ➡ 생태숲 ➡ 숲속길 ➡ 환경놀이터 ➡ 야외자연교실

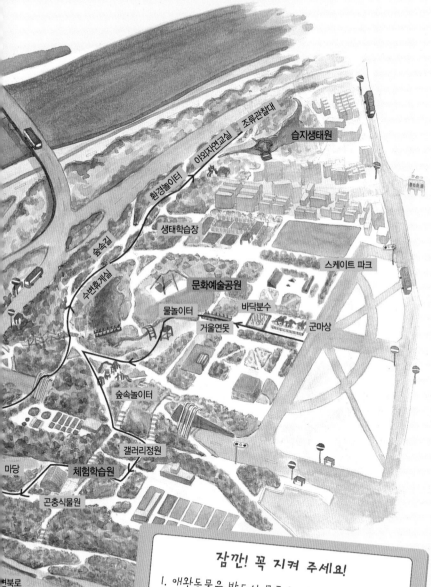

습지생태원

습지생태원이 한눈에 내려다보이는 야외자연교실, 과학 원리가 숨어 있는 환경놀이터, 새를 관찰할 수 있는 조류관찰대, 자연 학습과 관찰을 할 수 있는 정수식물원과 습지초화원이 있어요.

문화예술공원

방문자 센터와 군마상을 비롯하여 바닥분수와 거울연못, 운동을 할 수 있는 스케이트파크와 체육공원, 물놀이터와 숲속놀이터, 잔디가 넓게 펼쳐진 뚝섬가족마당과 산책하기 좋은 숲속길, 커다란 연못이 있어요. 연못에는 음악에 따라 물줄기를 내뿜는 프로그램 분수도 있답니다.

체험학습원

열대 식물과 여러 가지 곤충을 함께 볼 수 있는 곤충식물원을 비롯하여 갤러리정원과 이벤트마당으로 이루어진 체험 학습 공간이에요.

잠깐! 꼭 지켜 주세요!

1. 애완동물은 반드시 목줄을 매고 다녀야 해요. 배변 봉투도 챙기고, 배설물은 바로 치워야겠죠.

2. 서울숲에 사는 동물들에게 과자를 주면 동물들이 아파요.

3. 음식물 쓰레기는 가져가 주세요. 서울숲에 버리면 파리와 모기가 들끓게 되거든요.

문화예술공원에서
나무와 풀꽃을
만나요

서울숲에 들어서면 가장 먼저 문화예술공원과 만나게 돼요. 이곳에서는 많은 사람들이 넓은 잔디밭으로 소풍을 나오거나 숲속길에서 삼림욕을 즐긴답니다. 하지만 무엇보다 나무와 풀꽃이 가득하답니다. 보기만 해도 기분이 좋아지지요. 문화예술공원을 한바퀴 둘러보면서 나무와 풀꽃을 직접 찾아보아요. 그리고 시원한 바닥분수에서 잠시 더위를 잊고, 거울연못에서 나를 비춰 보아요.

그동안 몰랐던 즐거움이 우리를 기다리고 있을 거예요.

문화 예술공원에서는 이런 행동을 하지 말아요!

문화예술공원은 우리 모두이 것이에요. 나무를 발로 차거나 잔디밭에 함부로 들어가면 안 돼요. 특히 나무를 관찰한다고 가지를 꺾거나 잎을 따고 꽃을 따는 일은 절대 하지 말아야 해요.

나무를 만나요

서울숲에 들어서면 가장 먼저 나무가 눈에 띄어요. 모두 똑같이 나무라고 부르지만 조금만 관심을 가져보면 모습과 이름이 다 다르답니다.

우선, 나무의 전체 모양을 살펴보고 나무의 크기를 가늠해 보아요. 그런 다음 줄기의 모양과 색깔을 자세히 관찰해 보세요. 매끄러운 줄기, 거칠거칠한 줄기, 터진 줄기, 껍질이 벗겨지는 줄기 등 나무마다 줄기 모양이 달라요. 그런 다음 잎의 모양을 보아요. 넓은지 뾰족한지 살펴보아요. 그리고 꽃잎의 수를 세어 보고, 떨어진 열매도 주워 보아요. 어때요? 나무는 생김새가 정말 다양하지요.

이제 나무와 친해질 준비가 되었나요?

그럼, 지금부터 나무를 자세히 살펴보아요.

문화예술공원의 나무들

나무를 만나자

나무를 만나러 숲으로 가요. 숲에 가면 숨을 깊게 들이마셔 보아요. 머리가 시원해지는 향긋한 나무 냄새와 흙냄새가 가슴 깊이 들어올 거예요. 마침, 바람이 부네요. 나뭇잎이 흔들리고 있어요. 두 팔을 벌리고 눈을 감아 보아요. 바람이 불 때마다 나뭇잎이 속삭이고 있어요. 바람이 불어 기분이 좋다고요. 나무는 봄이 되면 새순이 돋고, 점차 꽃을 피우고 열매를 맺어요. 그래서 햇빛이 맑은 날이면 고개를 쑤욱 내민답니다. 햇빛을 듬뿍 받고 잎을 더 푸르게 자라라고 말이에요. 그리고 땅에서는 물과 양분을 빨아들여요. 다음 날, 키가 한 뼘은 자라고 싶은 마음으로요. 나무는 날마다 날마다 자라고 있답니다. 우리가 자라듯이 말이에요.

열매
속에 있는 씨앗을 보호하고 사람과 동물의 먹이가 되지요.

꽃
후손이 될 씨앗을 만들어요.

줄기
잎과 뿌리를 연결하고 물과 양분이 이동하는 통로예요.

뿌리
나무가 넘어지지 않도록 땅속에 단단히 붙잡아 줘요. 땅속의 물과 양분을 빨아들여 줄기를 통해 잎으로 보내요.

잎
나무가 살아갈 양분을 만들어요.

모습에 따라 종류가 달라요

나무는 모습에 따라 여러 종류로 나뉘어요. 소나무나 떡갈나무, 상수리나무나 칠엽수 같은 나무들은 뿌리에서 줄기가 하나로 자란답니다. 그래서 키가 쭉쭉 자라는 큰키나무예요. 하지만 산수유나무, 복자기나무, 생강나무 등과 같이 크지 않은 나무는 작은키나무라고 불러요. 그리고 병꽃나무, 조팝나무, 개나리, 진달래와 같이 여러 개의 줄기가 한곳에서 나와 다발을 이루며 자라는 키가 작은 나무는 떨기나무라고 해요. 또 인동이나 담쟁이덩굴처럼 다른 것에 의지해서 뻗어 나가는 것들은 덩굴나무라고 하지요.

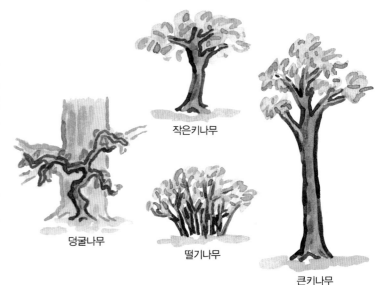

작은키나무

덩굴나무

떨기나무

큰키나무

침엽수(소나무)

활엽수(쪽동백나무)

낙엽수(단풍나무)

상록수(주목나무)

나뭇잎 모양은 계절을 보내는 방법에 따라 종류가 나뉘어요.

나무는 나뭇잎 모양에 따라 두 종류로 나뉘어요. 소나무나 잣나무 같은 잎이 침처럼 뾰족한 나무를 바늘잎나무(침엽수), 단풍나무나 목련처럼 잎이 넓적한 나무는 넓은잎나무(활엽수)라고 해요. 또, 겨울을 지내는 방법에 따라 나뉘기도 해요. 가을이 되면 잎이 우수수 떨어지는 나무를 갈잎나무(낙엽수), 소나무나 주목처럼 겨울이 되어도 잎이 그대로 달려 있는 나무를 늘푸른나무(상록수)라고 해요. 그런데 늘푸른나무도 잎이 떨어진답니다. 잎이 한꺼번에 다 떨어지는 게 아니라 오래된 잎부터 조금씩 떨어지지요.

여기서
잠깐!

나무와 풀은 어떻게 다를까?

나무는 '부피 생장'을 해요. 부피 생장이란 세포 분열을 해서 줄기가 굵어지는 것이에요. 줄기가 굵어지면서 해마다 나이테가 만들어지지요. 반면 풀은 세포 분열은 하지 않고 세포 크기만 커진답니다. 그래서 어느 정도 커지면 더 이상 크지 않아요. 또한 나무는 겨울에도 땅위줄기가 살아 있는데, 풀은 대부분 겨울이 되면 땅위줄기 부분이 말라 없어지지요.

땅위줄기가 살아 있는 나무와 땅위줄기가 말라버린 풀

9

잎을 보며 나무를 알아 가요

나무의 전체 모습을 잘 살펴보았나요? 그
럼, 이번에는 잎을 살펴보아요. 나무나 풀 같
은 식물들은 한번 뿌리를 내리면 스스로 몸
을 움직일 수 없어요. 그래서 생명을 이어나
가기 위해서는 스스로 영양분을 만들어야 하
지요. 이렇게 스스로 영양분을 만들어 내는
것을 '광합성'이라고 해요. 잎이 바로 그 일을
하지요. 그런데 만약 나무에게 잎이 없다면
어떻게 될까요? 광합성을 할 수 없게 되지요.
잎은 나무가 살아가는 데 필요한 영양분을 얻
게 해 주는 중요한 부분이랍니다.

잎의 구조(산벚나무 잎)

꿀샘
잎자루
잎 밑
잎맥
(주맥)
잎몸
잎맥
(측맥)
톱니
잎끝

광합성 작용

산소
물
산소 이산화 탄소
줄기
이산화 탄소

잎 속에 공장이 있어요!

나뭇잎은 나무가 사는 데 필요한 힘을 만드는 공장이에
요. 잎은 낮에는 광합성을 해서 영양분을 만들고, 산소를
내보내지요. 반대로 밤에는 산소를 흡수하고 이산화 탄
소를 내보내요. 이렇게 만든 영양분은 나무 전체로 퍼져
요. 영양분을 다 만들고 남은 산소는 다시 공기 중으로
내뱉어 다른 생물들이 살아가는 데 도움을 주거나 밤에
나무가 숨 쉴 때 쓴답니다.

잎은 겨울이 되면 떨어져요.

나무는 날씨가 추워지면 잎을 떨어뜨리지요. 그러면 광합
성을 할 수 없는데 왜 그럴까요? 나무가 얼어 죽는 것을
막기 위해서랍니다. 추위를 가장 많이 타는 잎부터 떨어뜨
려서 물과 양분이 지나가는 길을 막지요. 이것을 '떨켜'라
고 해요. 그리고 잎을 떨어뜨리면서 그 잎에 있던 영양분
과 엽록소를 가지에 되돌린답니다. 초록색의 엽록소가 회
수되면서, 남아 있는 색소의 색깔에 따라 노란색이나 붉은
색의 단풍이 들지요. 일교차가 심해질수록 아름다운 단풍
이 들어요.

가지만 남은 나무(단풍나무)

잎차례

잎을 하나하나 살펴보세요. 나무에 따라 줄기와 가지에 잎이 달리는 모양이 서로 다르답니다. 양 쪽의 잎이 서로 마주보게 나오는 마주나기, 양 쪽의 잎이 서로 어긋나게 나오는 어긋나기 그리고 잎이 한 곳에서 모여 나오는 뭉쳐나기가 있지요. 잎이 어떤 모양으로 달려 있는지 보면 식물들의 친척 관계를 알 수도 있답니다.

뭉쳐나기(은행나무 잎)

마주나기(개나리 잎)

어긋나기(국수나무 잎)

잎이 하는 일

수증기를 내보내요.

양분을 만들어요.

숨을 쉬어요.

겨울눈

잎자리

잎자리

잎이 떨어진 자리를 잎자리 라고 해요. 잎자리는 나무 마 다 모양이 다른데, 자세히 관 찰해 보면 물과 양분을 나르 던 관다발의 흔적을 찾을 수 있어요.

백목련

홑잎과 겹잎

느티나무처럼 잎자루 하나에 잎이 한 개 달린 것을 홑잎이라고 해요. 겹잎은 복자기나무 잎처럼 하나의 잎자루에 두 개 이상의 잎이 달린 거예요.

홑잎(목련 잎)

겹잎(복자기나무 잎)

엽록체와 엽록소

엽록체는 식물의 잎에 있는 광합성 을 담당하는 기관이에요. 즉, 광합 성이 일어나는 장소이지요. 그럼 엽 록소는 뭘까요? 엽록체를 구성하 고 있는 입자를 말한답니다. 그러니 까 직접 광합성을 위해 움직이는 것 들이에요. 즉 엽록체 안에 엽록소 가 들어 있는 것이지요. 식물들이 녹색으로 보이는 것은 초록 색 엽록소 때문이랍니다.

줄기 안에 길이 있어요

줄기는 뿌리에서 흡수한 물과 양분을 잎으로 전달해 주고, 잎에서 만든 양분을 뿌리로 운반하거나 저장해요. 그리고 나무껍질 바로 밑에서 줄기를 감싸는 형성층은 나무의 줄기와 뿌리를 굵게 만들어요. 그 안쪽에는 물이 이동하는 물관부가, 바깥쪽에는 영양분이 이동하는 체관부가 있답니다. 그리고 나무는 껍질에 있는 숨구멍으로 숨을 쉬는데, 나무가 자라면서 이 숨구멍들이 변해서 여러 가지 모양의 나무껍질을 만들어요.

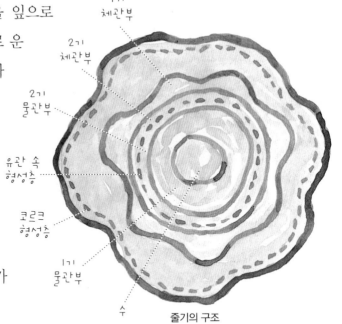

1기 체관부
2기 체관부
2기 물관부
유관 속 형성층
코르크 형성층
1기 물관부
수

줄기의 구조

여러 가지 나무껍질

나무줄기를 자세히 본 적이 있나요? 한번 자세히 살펴보고 손으로 쓰다듬어 보세요. 어떤 나무는 거북이 등딱지처럼 쫙쫙 갈라져 있고, 어떤 나무는 얼룩덜룩해요. 또 얇고 하얀 껍질을 가진 나무도 있고, 아주 두꺼운 코르크로 몸을 감싼 나무도 있어요. 나무는 껍질이 여러 가지 모양으로 갈라진답니다. 세로나 가로로 길게 갈라지기도 하고, 세로와 가로 동시에 갈라지기도 해요. 그래서 꽃과 열매도 없고 잎도 다 떨어진 추운 겨울에도 나무마다 다른 줄기 모습을 하고 있기 때문에 어떤 나무인지 알아볼 수 있답니다.

소나무 갈라지는 나무껍질이에요.

자작나무 얇은 껍질이 벗겨진답니다.

느티나무 껍질이 가로로 터져요.

메타세쿼이아 세로로 갈라져요.

양버즘나무 얼룩덜룩한 무늬가 생겨요.

화살나무 가시 대신 날개를 달았어요.

여기서
잠깐!

나무껍질 탁본하기

관찰한 나무 중에 하나를 골라 아래 순서에 따라 나무껍질을 탁본해 보고 붙여 보세요.
다양한 나무껍질 모양을 볼 수 있을 거예요.

1. 적당한 나무를 찾아 종이를 대요. 나무껍질이 심하게 갈라진 나무면 더 좋아요.

2. 색연필이나 크레파스 등 끝이 뭉툭한 필기도구로 나무껍질 결이 드러나도록 본을 떠요. 물감을 솜 뭉치에 묻혀 두들겨도 좋아요.

내가 만든 나무 탁본 붙이기

코르크층이란 무엇일까?

코르크는 나무의 겉껍질 안쪽 부분이에요. 코르크질을 갖춘 여러 층의 세포로 되어 있는데 나무줄기에 물이 드나들지 못하게 하거나, 강한 햇빛으로부터 나무를 보호하는 작용을 해요. 코르크는 포도주의 병마개나 우주선의 절연체(열이나 전기를 잘 전달하지 않는 물체)로도 쓴답니다. 10년 정도 된 나무에서 생긴 코르크는 벗겨 버리지요. 20~25년 정도 지나 나무의 둘레가 40센티미터 가량 되면 3~10센티미터의 코르크층을 수확할 수 있답니다. 그 뒤 10년에 한 번씩 약 150년 동안 코르크층을 수확할 수 있어요.

음나무

줄기에 가시를 단 나무들

나무들 중에 가만 살펴보면 줄기에 가시를 달고 있는 나무가 있어요. 이런 나무들은 선뜻 다가갔다가도 만지기가 망설여지지요.
그런데, 나무는 어떤 방법으로 가시를 만들까요? 두 가지 방법이 있답니다. 잎이나 가지, 턱잎(잎자루 밑에 붙은 한 쌍의 작은 잎)을 가시로 바꾸어 버리는 거예요. 이런 가시들은 잘 떨어지지 않는답니다. 그리고 장미처럼 코르크층을 가시로 만들어 버리는 방법도 있어요. 이런 가시들은 쉽게 떨어지고 본 줄기에 상처가 남지 않는답니다.

꽃보다 예쁜 열매

봄이 되면 서울숲 여기저기에서 여러 가지 꽃이 아름다운 색깔과 향기로 우리의 눈을 사로잡아요. 그 아름다운 모습 뒤에서 꽃들은 수정을 해서 자손을 번식시키려고 살아남기 위해 치열한 싸움을 한답니다. 그래서 꽃의 색깔과 향기는 벌레나 새들의 도움을 받아 수분을 하기 위한 식물의 생존 전략이에요. 수술의 꽃밥에서 꽃가루가 만들어지면 암술머리에 꽃가루가 떨어져 암술대를 따라 씨방으로 내려가요. 그리고 씨방 속 밑씨와 합쳐져 수정이 되고 수정이 된 밑씨는 자라서 씨앗이 되지요.

나무의 열매는 씨앗을 싸고 있는 씨방이나 꽃받침, 꽃턱이 자라서 변한 것이에요.

갖가지 나무 열매들

산벚나무 열매

도꼬마리 열매

좀작살나무 열매

마가목나무 열매

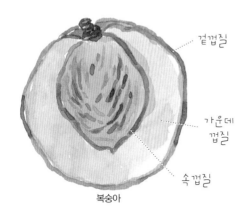

겉껍질

가운데 껍질

속 껍질

복숭아

암술과 수술이 만나 수정을 하면 열매가 열려요

열매가 열리려면 꽃의 암술이 수술의 꽃가루를 받는 수분(꽃가루받이)을 통해 수정*을 해야 해요. 수분을 하는 방법에는 여러 가지가 있어요. 바람이나 물에 의해 꽃가루가 옮겨지는 방법, 벌레나 새들에 의한 방법이 있지요. 수술이 길게 자라 제 암술에 스스로 꽃가루를 묻히는 제꽃가루받이를 하는 꽃도 있지만, 집에서 키우는 식물은 사람이 꽃가루를 다른 꽃의 암술머리에 묻혀 주는 인공 수분을 하기도 해요.

*수정 : 암술이 수술의 꽃가루를 받는 것이에요.

 ## 열매가 있어서 동물들이 살 수 있어요

만약 나무에서 열매가 열리지 않는다면 동물들은 살 수가 없게 된답니다. 숲속의 열매는 동물들의 먹이거든요.
특히 겨울을 나기 위해서는 훌륭한 먹이가 되지요. 그래서 열매가 없으면 동물들은 더 이상 숲속에 살 수가 없게 되어 아름다운 숲을 떠나 버리겠지요.

곰 겨울잠을 잘 때는 아무것도 먹지 않기 때문에 가을에 미리 많이 먹어 두고 쿨쿨 잔답니다.

다람쥐 겨울잠을 자기 전에 미리 실컷 먹어요. 그리고 중간에 겨울잠을 깰 때 먹으려고 먹이 창고에도 잔뜩 모아 두지요

서울숲에 있는 나무 열매를 찾아보세요. 화려한 색으로 여러 곤충과 새들을 부르는 좀작살나무 열매나 마가목나무 열매도 있고, 가을이면 상수리나무에서 단단한 껍질에 싸인 도토리도 떨어질 거예요.

❶ 이름 _____ 색깔 _____

❷ 이름 _____ 색깔 _____

❸ 이름 _____ 색깔 _____

나이테를 세어 보면 나무의 나이를 알 수 있어요

우리나라처럼 온대 지방에서 자라는 나무는 봄에 만들어지는 나무 조직인 '춘재'와 늦여름부터 늦가을까지 만들어지는 나무 조직인 '추재'를 구성하는 세포 모양이 서로 다르답니다. 그래서 춘재와 추재 사이에 뚜렷한 테가 생기는데, 이것을 나이테라고 해요. 나이테를 세어 보면 나무의 나이를 대략 알 수 있지요. 하지만 환경 변화에 따라 나이테가 나타나지 않는 해도 있고, 한 해에 나이테가 두 개 이상 나타나기도 한답니다.

그동안 나무에 대해 알아보았어요. 나무는 어떤 몸을 갖고 있는지, 몸의 각 부분은 무엇을 하는지도요. 그동안 다 똑같은 '나무'라고만 알고 있었던 나무들에게 각각 다른 이름이 있고 살아가는 방법이 다르다는 것을 알게 되었을 거예요. 지금까지 나무들의 구조를 모두 배웠으니 이제 나무를 만나면 친구가 될 수 있을 거예요. 나무는 잎과, 수피, 꽃이 모두 다르다는 것 잘 알고 있지요. 잎 하나, 꽃 하나, 껍질까지 모두 살펴보며 서울숲에서 나무를 만나 보아요.

서울숲의 나무들

서울숲 문화예술공원 나무 지도예요. 여기저기 나무마다 붙어 있는 이름표를 보고 찾는 것이 훨씬 더 쉽겠지만 뒤에 실린 나무의 잎과 수피를 비교해 가며 나무를 직접 찾아보는 것은 어떨까요? 그러면 나무의 형태를 더 잘 기억할 수 있을 거예요. 그래서 서울숲이 아닌 다른 장소에 가도 무슨 나무인지 금방 알 수 있을 거예요.

수변공원

⑭

❶ 칠엽수	❻ 회화나무	⓫ 메타세쿼이아	⓰ 산수유나무
❷ 병꽃나무	❼ 느티나무	⓬ 층층나무	⓱ 스트로브잣나무
❸ 인동	❽ 나무수국	⓭ 버드나무	⓲ 상수리나무
❹ 소나무	❾ 버즘나무	⓮ 나이테	⓳ 화살나무
❺ 은행나무	❿ 백합나무	⓯ 계수나무	⓴ 좀작살나무
			㉑ 자작나무

메타세쿼이아 길

바닥분수

거울연못

물놀이터

방문자 센터

17

칠엽수

잎

수피

잎지는 넓은잎 큰키나무
높이 : 20미터 정도
꽃 : 5~6월 / 열매 : 9월

잎도 크고, 꽃도 큰 나무예요. 잎자루에 보통 일곱 개의 잎이 달리는 경우가 많아요. 가을이 되면 노랗게 단풍이 들어요.

서울숲에서 나무를 찾아보세요.

병꽃나무

잎

꽃

수피

잎지는 작은잎 큰키나무
높이 : 2~3미터
꽃 : 5~6월 / 열매 : 9월

꽃봉오리의 모습이 호리병 모양을 하고 있어서 붙은 이름이에요. 꽃봉오리 때는 꽃이 흰색이다가 꽃이 피면서 점점 붉어져요. 그래서 두세 가지 색깔의 꽃이 함께 달려 있는 것을 볼 수 있어요. 땅에서 한꺼번에 여러 줄기가 올라와요.

붉은인동

잎

꽃

수피

늘푸른 덩굴나무
길이 : 4~5미터
꽃 : 6~7월 / 열매 : 9~10월

산기슭이나 숲 가장자리에서 주로 자라요. 푸른 잎을 매단 채로 겨울을 나지요. 추운 겨울을 참고 견뎌낸다는 뜻에서 인동이라는 이름이 붙었어요. 이런 덩굴 식물들은 스스로 서 있기가 힘들어요. 그래서 주변에 기대어 자란답니다.

소나무	은행나무	회화나무

잎

잎

잎

암꽃

수꽃

꽃

수피

수피

수피

늘푸른 바늘잎 큰키나무

높이 : 25~35미터

꽃 : 5월 / 열매 : 다음해 9~10월

우리나라 산에서 흔하게 볼 수 있어요. 가느다란 바늘 모양의 잎과 거북이 등처럼 갈라지는 단단한 줄기를 가지고 있어요. 푸른 기상을 상징한답니다. 땅에 양분과 물이 적어도 꿋꿋하게 잘 자란답니다. 암수가 따로 있는 나무예요.

잎지는 큰키나무

높이 : 40~60미터

꽃 : 4~5월 / 결실기 : 10~11월

봄에 돋아난 연둣빛 잎이 가을에는 노랗게 물든답니다. 암수가 따로 있는 나무예요. 아주 오랜 옛날부터 이 모습 그대로여서 '공룡 친구'라고도 해요. 잎이 한데 모여 나는데, 열매와 잎은 약으로도 쓰이고, 오래 사는 것으로 유명하지요.

잎지는 큰키나무

높이 : 15~25미터

꽃 : 7~8월 / 열매 : 10월

학자의 기개는 회화나무처럼 곧고 강해야 한다고 해서 '학자수'라고도 불러요. 옛날 우리나라에서는 이 나무를 집 안에 심으면 학자가 나오고, 부자가 된다고 해서 양반 집안에만 심었어요. 연노랑색 꽃잎을 달인 물로 부적을 만들기도 해요.

느티나무

잎

수피

잎지는 큰키나무
높이 : 20〜25미터
꽃 : 4〜5월 / 결실기 : 10월

햇빛을 좋아해서 키가 크고 가지를 넓게 펼치기 때문에 한여름에 시원한 그늘이 생겨요. 언제 어디서나 멋진 모습이 늘 티가 나서 느티나무라고 했어요. 꽃과 열매는 크기가 작지만 영양분을 만드는 잎이 많아 오래 살지요.

나무수국

잎

수피

잎지는 넓은잎 작은키나무
높이 : 2〜3미터
꽃 : 7〜8월 / 열매 : 9〜11월

잎 끝이 뾰족하고 날카로운 톱니가 달려 있어요. 잎이 마주나지만 때로는 3개가 돌려나기도 해요. 장식꽃 사이사이에 암술과 수술이 함께 달려 있어요.

버즘나무

잎

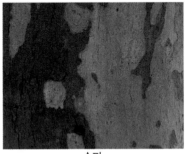
수피

잎지는 큰키나무
높이 : 20〜25미터
꽃 : 4〜5월 / 결실기 : 10월

줄기에 얼룩덜룩한 무늬가 있어요. 잎이 커다랗고 빨리 자라서 공기를 깨끗하게 걸러 주는 능력이 뛰어나요. 북한에서는 열매가 방울처럼 생겼다고 '방울나무'라고 부른대요.

여기서 **잠깐!**

나뭇잎 탁본하기

내 마음에 드는 나뭇잎을 주워 탁본해 보세요. 여러 가지 나뭇잎의 모양을 알 수 있을 거예요.

1. 나뭇잎 위에 종이를 깔아요.

2. 크레파스를 칠하거나 먹물을 묻힌 솜뭉치를 두들겨요.

버드나무	산수유나무	층층나무

잎	잎	잎

꽃	꽃	열매
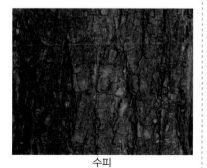		
수피	수피	수피

버드나무

잎지는 큰키나무

높이 : 20미터 정도

꽃 : 4월 / 열매 : 5월

물을 좋아하고 물을 깨끗하게 하는 능력이 있어 주로 물가에서 볼 수 있어요. 조선 시대 이순신 장군이 말에서 떨어졌을 때 주위에 있던 버드나무를 꺾어 상처를 감싸고 시험을 계속 치렀다는 이야기가 전해져요.

산수유나무

잎지는 큰키나무

높이 : 5~6미터

꽃 : 3~4월 / 열매 : 9~11월

이른 봄에 잎보다 먼저 작고 예쁜 노란 꽃이 핀답니다. 길쭉한 열매가 열리는데 가을이 되면 빨갛게 익어서 새들을 불러세운답니다. 봄에는 노란 꽃이, 가을에는 빨간 열매가 온통 나무를 뒤덮어서 사람들의 눈을 즐겁게 해 주지요. 인공적으로 심는 나무여서 산이나 숲에서 저절로 자라는 경우는 드물어요.

층층나무

잎지는 넓은잎 큰키나무

높이 : 10~20미터

꽃 : 5월 / 열매 : 9~10월

나뭇가지가 층층이 돌려나서 층층나무란 이름이 붙었어요. 새들이 이 나무 열매를 좋아해서 이 근처에서 새들을 자주 볼 수 있어요. 해마다 쑥쑥 잘 자라는 것이 놀랍답니다. 층을 이루어 옆으로 자라기 때문에 '계단나무'라고 하며 가지가 붉은빛을 띠어요.

백합나무

잎

수피

잎지는 큰키나무

높이 : 20미터 정도

꽃 : 5~6월 / 열매 : 9~10월

잎이 커다랗고 빨리 자라는 나무라서 공기를 깨끗하게 해 주는 능력이 뛰어나요. 가을이면 노란 단풍이 든답니다. 나뭇잎이 튤립꽃을 닮아 '튤립나무'라고도 해요.

상수리나무

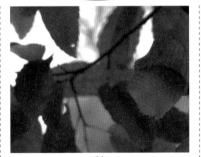

잎

수피

잎지는 큰키나무

높이 : 20~25미터 정도

꽃 : 4~5월 / 열매 : 다음 해 10월

도토리가 크고 맛이 좋아 도토리묵을 만들 때 많이 쓰인답니다. 본래 이름은 '토리나무'였어요. 선조 임금 수라상에 자주 올라서 '상수라'라고 부르다 '상수리'가 되었어요.

메타세쿼이아

잎

수피

잎지는 바늘잎나무

높이 : 20미터 정도

꽃 : 3월 / 열매 : 10~11월

줄기가 세로로 길게 갈라져 있고 눌러 보면 폭신폭신한 느낌이 들어요. 잎은 짧은 바늘이 양쪽으로 줄을 선 모습이에요. 가을이 되면 갈색 단풍이 들어 잎이 떨어지지요.

여기서 잠깐!

나뭇잎의 잎맥을 따라 그려 보아요

나뭇잎에는 잎맥이 있어요. 잎맥은 물과 양분의 이동 통로예요. 사람의 혈관과 같은 것이에요. 잎맥은 나뭇잎마다 서로 달라요. 나뭇잎들이 얼마나 다양한 잎맥을 가지고 있는지 알아보세요.

1. 내 마음에 드는 나뭇잎을 주워 붙여 보세요.

2. 나뭇잎의 잎맥을 잘 관찰하고 모양을 그려 보세요.

스트로브잣나무

잎

열매

수피

늘푸른 바늘잎 큰키나무

높이 : 30미터 정도

꽃 : 5월 / 열매 : 9∼10월

소나무처럼 뾰족한 잎을 지니고 있어요. 나뭇잎 개수를 세어 보면 잎막이 하나에 잎 다섯 개를 달고 있어요. 잣나무처럼 사람이 먹을 수 있는 잣이 들어 있는 열매가 열리는 것은 아니에요. 특히 봄이 오면 멧비둘기들이 둥지를 짓는답니다.

화살나무

잎

꽃

수피

잎지는 작은키나무

높이 : 1∼3미터

꽃 : 5월 / 열매 : 10∼11월

줄기마다 화살 날개를 닮은 코르크질이 붙어 있어서 붙은 이름이에요. 봄에 올라오는 잎의 새순 맛이 좋아서 곤충들이 아주 좋아해요. 그래서 화살나무는 곤충들이 새잎순을 먹지 못하게 하려고 새잎이 나기 전에 코르크질을 먼저 키워요. 그러면 곤충들이 맛없다고 생각해 더는 먹지 않는답니다.

계수나무

잎

수피

잎지는 넓은잎 큰키나무

높이 : 30미터 정도

꽃 : 4∼5월 / 열매 : 10∼11월

하트 모양의 나뭇잎이 예쁜 나무예요. 잎이 노랗게 단풍 들면서 달콤한 솜사탕 향기가 점점 진해져요. 떨어진 잎에서도 아주 오랫동안 향기가 나기 때문에 베개에 넣고 자면 단꿈을 꾼다고 해요.

좀작살나무

잎

꽃

수피

잎지는 작은키나무
높이 : 1~2미터
꽃 : 7~8월 / 열매 : 10월

작은 열매들이 다닥다닥 붙어 있다가
익어가면서 보라색으로 변해요. 초겨
울 무렵까지도 열매가 붙어 있어서 붉
은머리오목눈이 같은 작은 새들이 아
주 좋아하지요. 작살나무와 모양이 같
지만 좀 작기 때문에 좀작살나무라고
해요.

자작나무

잎

열매

수피

잎지는 큰키나무
높이 : 15~20미터
꽃 : 4~5월 / 열매 : 9~10월

껍질이 정말 얇게 벗겨지고 기름이 많
아서 불을 붙이면 '자작자작' 소리가
나요. 아주 추운 지방이 고향이라 영
하 40~45도에서도 견뎌요. 옛날에는
나무껍질을 벗겨 종이처럼 쓰기도 했
어요. 추울수록 하얀 줄기가 두드러져
추운 지방의 자작나무가 훨씬 멋지답
니다.

여기서
잠깐!

대나무는 나무일까요, 풀일까요?

대나무는 키가 큰 식물이에요. 높이
30미터 정도로 자라지요. 좀처럼
꽃이 피지 않는데 필 때는 한꺼번
에 핀답니다. 그래서 대나무의 영양
분을 다 없애고 말라 죽지요. 그런
데 대나무는 겨울에도 땅위줄기가
죽지 않고 살아 있어 나무의 특징
과 비슷하지요. 하지만, 대나무의
속은 비어 있어서 부피는 커지지
않고 키만 쑥쑥 자라지요.
따라서 대나무는 나무가 아니라 풀
이라고 할 수 있어요.

대나무

속이 빈 대나무줄기

나무도 숨을 쉬어요

우리 가슴 속에서 심장이 뛰듯 나무도 고동 소리가 들린답니다. 나무의 고동 소리를 들으려면 청진기가 있어야 필요해요. 청진기를 나무줄기에 대고 귀를 기울여 보아요. 주변이 시끄럽지 않다면 고동 소리가 더 잘 들릴 거예요. 되도록이면 껍질이 얇은 나무를 고르는 것이 좋아요. 그리고 이른 봄이나 맑은 날이면 더 좋고요. 비가 온 다음날이나 바람이 부는 날은 나무의 고동 소리를 듣기에 가장 좋은 날이에요. 이런 날은 나무가 잎 밖으로 물을 많이 내보내기 때문이지요.

준비물 청진기

①나와 친구들의 심장 고동 소리를 들어 보아요.

느낌 : _____

②주변 나무의 고동 소리를 들어 보아요.

맘에 드는 나무를 골라서 나무줄기에 청진기를 대어 보세요. 몸을 움직이지 않고 귀를 기울여 보면 나무의 고동 소리가 들릴 거예요.

느낌 : _____

③나무를 바꾸어 가며 소리를 들어 보고 느낌을 적어 보세요.

(   ) 나무 _____

(   ) 나무 _____

(   ) 나무 _____

물길 여행을 떠나요!

　문화예술공원에 들어서면 시원한 물줄기 소리가 들려요. 바로 바닥분수에서 물이 솟구치는 소리예요. 분수가 솟구칠 때마다 아이들이 물속을 헤치며 뛰어다니지요. 무더운 여름에 시원한 물줄기만큼 무더위를 잊게 해 주는 것은 없을 거예요. 그런데 바닥분수의 물은 대체 어디에서 와서 어디로 갈까요? 바닥분수에서 나오는 물을 따라 서울숲을 흐르는 물길 여행을 떠나 볼까요?

안녕, 난 바닥분수에 있는 물방울이야. 내가 어디서 와서 어디로 가는지 지금부터 안내해 줄게.

물방울

잠깐 사이에 거울연못에 도착했어. 구름과 산, 나무가 조용히 나를 바라보고 있어.

바닥분수

거울연못

여기는 물놀이터야.

물놀이터

갑자기 내 몸이 솟구쳐 올랐어. 환한 빛에 깜짝 놀라서 눈을 뜨니까 군마상이며, 푸른 잔디밭이 펼쳐진 가족 마당과 멀리 응봉산이 보여. 와, 내가 서울숲 바닥분수가 되었잖아!

바닥분수

거울연못

물놀이터

이번에는 습지생태원에
도착했어. 물속 식물도 많고
물고기와 새들도 많이
구경할 수 있어서
정말 신나.

어느새 수변
쉼터네. 넓은 연못에
꽃과 풀과 물고기 등을
만날 수 있지.

수변 쉼터

습지생태공원

나는 이제
중랑천으로 가야 해.
중랑천에 가면 한강으로
흘러가. 서울숲아, 다시
만날 때까지 안녕!

중랑천 가는 길

풀꽃을 만나요

　서울숲 풀밭이나 나무 아래에는 누가 살고 있을까요? 바로 들풀이에요. 누가 보살피지 않아도 아무 데서나 잘 자라요. 우리가 흔히 잡초라고 부르는 들풀이 사실은 생태계를 이루는 중요한 구성원이랍니다. 들풀은 동물의 먹이가 되고, 곤충이나 개구리같이 작은 동물들에게는 쉴 곳이 되기도 해요. 그리고 생명을 다한 뒤에는 땅으로 돌아가 거름이 되지요. 무엇보다 메마른 땅에 가장 먼저 뿌리를 내려 땅을 기름지게 해서, 다른 식물이 살 수 있는 환경을 만드는 선구자 역할을 하거든요.

꽃마리

꽃바지

감국

산국

비슷하지만 다른 풀
들풀은 얼핏 보면 닮은 것이 많아서 모습을 정확히 구분하기가 어렵지요. 하지만 자세히 뜯어보면 다 다르답니다. 지금부터 서울숲에는 어떤 들풀들이 있는지 찾아보아요.

벼룩이자리

벼룩나물

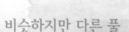

바랭이

방동사니

고들빼기

씀바귀

이름을 불러 주세요!
허리를 굽히고 눈을 낮춰서 서울숲에서 자라는 들풀들을 보아요. 나팔꽃이나 민들레처럼 쉽게 눈에 띄는 꽃들도 있지만, 쪼그리고 앉아서 자세히 들여다보아야 찾을 수 있는 아주 작은 꽃들도 있답니다. 저마다 모습과 특징이 다 다르지요. 사람 눈에는 보잘것없어 보이는 들풀에게도 자기만의 이름이 있답니다. 들풀 하나하나에 관심을 갖고 들풀 이름을 제대로 불러 주세요.

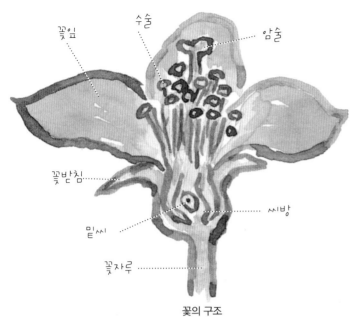

꽃잎 ····
수술 ····
암술 ····
꽃받침 ····
밑씨 ····
씨방 ····
꽃자루 ····

꽃의 구조

꽃이 하는 일

봄을 맞이한 들꽃들은 약속이라도 한 것처럼 하나 둘 꽃을 피워요. 꽃들은 무슨 일을 하는 걸까요? 꽃은 생을 마칠 때까지 무척 바쁜 날들을 보낸답니다. 자손을 퍼트릴 씨앗을 만들어야 하거든요. 씨앗이 만들어져야 대를 이어나갈 수 있으니까요. 씨앗을 만들기 위해 꽃은 '꽃가루받이'를 해요. 꽃가루받이는 곤충이나 바람 등의 도움을 받아 수술의 꽃가루가 암술머리에 닿아 꽃가루받이가 이루어진답니다. 꽃가루받이가 끝나 꽃이 진 자리에는 씨앗이나 열매가 만들어져요. 그러면 열매는 씨앗이 널리 퍼질 수 있을 때까지 보호한답니다.

꽃잎의 수를 세어 보아요

하나, 둘, 셋, 넷…. 꽃잎의 수를 세어요. 잘 세어 봐요. 꽃잎의 수를 세다 보면 꽃잎에게 깜빡 속을 수가 있어요. 다섯 장처럼 보이지만 한 장, 열 장처럼 보이지만 다섯 장이랍니다. 아, 도저히 모르겠다고요? 꽃잎의 수를 셀 때는 꽃잎의 아래부터 확인해 보아야 해요. 여러 장으로 갈라져 있는 것처럼 보이지만 아래는 하나로 붙어 있는 꽃이 있어요. 이것을 보고 '통꽃'이라고 해요. 자, 꽃잎은 이렇게 세는 거예요.

꽃마리
(다섯 장처럼 보이지만
한 장이에요.)

냉이(네 장)

피나물
(꽃잎이 아래 부분까지
네 개로 갈라져 있으니
네 장이지요.)

양지꽃(다섯 장)

여기서
잠깐!

로제트를 알고 있나요?

보통 풀은 한해살이지요. 한 해를 살고 생을 마감하는 것이에요. 하지만 두해살이풀은 가을에 싹을 틔워 이듬해 봄에 꽃을 피워요. 두해살이풀에게는 겨울을 견디는 것이 무엇보다 중요하지요. 그래서 모진 바람과 추위를 피하려고 땅바닥에 납작 엎드려 있기도 하고, 잎을 넓게 펼쳐 햇볕을 좀 더 많이 받으려 하지요. 이 모습이 장미를 닮았다고 해서 '로제트'라고 해요. 영어로 장미를 '로즈(rose)'라고 하거든요. 로제트는 겨울을 잘 나기 위해 당분을 저장해 두기 때문에 잎이 붉은색을 띠는 경우가 있답니다.

로제트(망초)

꽃을 보고 시간을 알 수 있어요

꽃은 하루 중 언제 필까요? 나팔꽃처럼 아침 일찍 피는 꽃도 있지요. 그러나 모든 꽃이 그런 것은 아니에요. 식물은 하루에 쬐어야 할 빛의 세기와 양이 알맞은 시간에 꽃을 피워요. 그래서 꽃마다 피는 시간이 달라요. 꽃이 피는 시간을 알면 시계를 안 봐도 몇 시인지 알 수 있겠지요? 하지만 해가 뜨는 시각이나 지는 시각에 따라 조금씩 차이가 있답니다.

나팔꽃
새벽 4~5시

달맞이꽃
오후 5~6시

닭의 장풀
새벽 5~6시

분꽃
오후 2~3시

괭이밥
오후 1시

흰민들레
오전 10시

벼
오전 9시

생물은 모두 시계를 갖고 있어요

생물 시계란 모든 생물의 몸속에 들어 있는 시계를 말해요. 꽃이 피고 지는 것, 사람들의 키가 자라는 것, 등 모두가 생물 시계의 리듬 때문이에요. 결국 지구상의 모든 생물들이 자연과 조화를 이루기 위해 매일, 매달, 매년 시간에 맞추어 변화한답니다.

생물 시계 실험하기   준비물 : 민들레, 화분 두 개, 검정 도화지, 풀, 테이프(다른 꽃으로 실험해도 돼요.)
❶ 먼저 검정 도화지로 상자를 만들어요. ❷ 화분 두 개 다 민들레를 심어요. ❸ 한쪽 민들레꽃에만 검정 상자를 씌워 햇빛을 막아요.
❹ 적어도 네 시간이 지난 뒤 상자를 벗겨요.(해 지기 전에 상자를 벗겨야 해요.) ❺ 고깔을 씌운 쪽 민들레꽃이 꽃잎을 접고 있을 거예요.
♣ 이것을 반복하다 보면 식물들도 밤낮이 바뀌기도 한답니다.

풀마다 맛이 달라요

옛날부터 사람들은 들풀의 잎, 뿌리, 줄기, 열매를 먹거나 약으로 썼어요. 어떤 풀을 먹었고, 풀은 어떤 맛이 날까요?

풀은 매운맛이 나기도 해요. 초밥에 곁들여 먹는 고추냉이는 아주 매운맛이 나요. 여뀌, 다닥냉이, 콩다닥냉이 등의 잎이나 줄기도 매운맛이 나지요. 그리고 새콤한 맛이 나는 풀도 있어요. 옛날에 소꿉놀이를 하면서 밥상에 올렸던 괭이밥, 애기수영 등은 씹어 보면 새콤한 맛이 나요. 그래서 놀이하다가 진짜로 먹기도 했대요. 그런가 하면 지칭개, 서양민들레, 씀바귀, 고들빼기 등은 쓴맛이 나지요. 줄기를 잘랐을 때 아기 똥 같은 노란 물이 나오는 애기똥풀도 쓴맛이 나는데, 독성 때문에 먹지 않아요. 대신 벌레에 물렸을 때 즙을 바르면 가려움이 없어진답니다.

매운맛이 나는 풀

여뀌

다닥냉이

새콤한 맛이 나는 풀

괭이밥

애기수영

쓴맛이 나는 풀

지칭개

고들빼기

제비꽃

주름잎

들풀을 흔히 볼 수 있는 이유

들풀이 담장 밑이나 아스팔트 틈에서도 잘 자라는 것은 나름대로 살아남는 방법이 있기 때문이에요. 들풀은 나무같이 큰 식물의 잎이 나온 뒤에는 햇빛을 제대로 받기 어렵답니다. 그래서 다른 식물보다 먼저 싹을 틔워요. 또 들풀은 제꽃가루받이*를 하여 한 포기에서 여러 번 꽃을 피우거나 작고 가벼운 씨를 셀 수 없이 많이 만들어 퍼뜨려요. 제비꽃이나 분꽃, 주름잎 등의 꽃이 이렇게 한답니다. 어떤 들꽃은 뿌리 조각만 있어도 다시 살거나 줄기 마디가 기어가며 새 뿌리를 내기도 해요. 몸과 줄기가 끊어지면 끊긴 마디에서 잎과 줄기를 내기도 하고요. 들풀은 정말 놀랍지요?

*제꽃가루받이 : 곤충이나 바람의 도움을 받지 않고 스스로 가루받이를 하는 것이에요. 암술과 수술이 함께 있어요.

민들레

민들레

민들레는 우리가 길가에서 흔히 보는 꽃이에요. 풀밭이나 담벼락의 틈 등 여기 저기에서 얼굴을 내밀지요. 하지만 우리가 흔히 보는 노란 민들레는 거의 유럽에서 들어온 '서양민들레'예요. 우리나라 토종 민들레는 외래 식물에게 쫓겨나 자취를 점점 감추고 있어요. 그래서 우리나라 민들레를 쉽게 볼 수가 없답니다. 혹시 우리 민들레를 본 사람은 민들레가 외롭지 않게 꼭 큰소리로 외쳐 주세요.
"민들레다!"라고 말이에요.

서양민들레의 생명력

원래 우리 민들레는 봄에만 꽃을 피운답니다. 하지만 요즘에는 봄부터 가을까지 민들레를 계속 볼 수 있어요. 바로 서양민들레가 지천으로 피어 있기 때문이에요. 서양민들레는 봄, 여름, 가을 내내 꽃을 피운답니다. 어떻게 이럴 수 있냐고요? 그것은 제꽃가루받이를 하기 때문이에요. 자기 혼자서도 수정할 수 있기 때문에 꽃을 피우는 일이 쉬워서 씨도 많이 퍼트릴 수 있는 거예요.

서양민들레

여기서 잠깐!

민들레와 서양민들레 구분하기

요즘 대부분 볼 수 있는 민들레는 100년 전쯤 유럽에서 건너온 서양민들레랍니다. 민들레와 서양민들레 어떻게 구분할까요?

민들레
꽃받침이 위로 올라가 있어요.

서양민들레
꽃받침이 뒤로 젖혀져 있어요.

재미있는 꽃 이름

매발톱꽃

애기똥풀

돌콩

봄맞이

내 이름을 불러 주세요!

양지바른 언덕, 돌 틈, 길가 한구석에 고개를 내밀고 있는 들풀들을 자세히 살펴보세요. 모습이 저마다 다르지요? 들풀 모습에 걸맞은 이름을 지어 보세요. 실제로 들풀 이름에는 생김새, 색깔, 냄새 등 특징이 담겨 있거든요. 들풀 이름과 모습을 비교해 보면 왜 그런 이름이 붙었는지 고개가 절로 끄덕여질 거예요.

질경이

낙지 다리

꽃마리

양지꽃

건드리면 가시로 찌를래 찔레

오줌 냄새가 나요 노루오줌풀

꽃 이름 알아보기

꽃대의 끝이 동그라니 말린 꽃마리
매의 발톱 같이 생긴 매발톱꽃
질기게 살아남는 질경이
쓰디 쓴 씀바귀
햇빛 있는 양지가 좋아 양지꽃
망할 놈의 풀 망초
쭈그렁 주름살 주름잎
돌같이 생겨 돌콩

담장 주변에 많아 닭의장풀
아기 똥 같은 물이 나와 애기똥풀
밑을 씻어줘요 며느리밑씻개
노루귀처럼 털이 송송 노루귀
톡 튀어나온 며느리배꼽
봄이 왔나 봐 봄맞이
개 거시기 닮았네! 개불알풀
고양이 눈이 꽃속에 괭이눈

쥐똥 같은 열매 쥐똥나무
누린내가 나요 누린내풀
해오라기 닮아 해오라비란
빨간 피가 나와요 피나물
낙지 흡반이 있어요! 낙지다리
빙글빙글 물레 돌려 물레나물

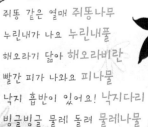

서울숲에서 풀이랑 놀자

여기저기 지천으로 자라나는 풀들이 보이나요?

예전에 우리 아빠, 엄마들은 들로 산으로 다니면서 풀피리도 불고, 손에는 꽃반지와 꽃시계를 만들어 차고 신나게 놀았대요.

우리도 서울숲을 누비며 풀이랑 신나게 놀아 볼까요? 함께 모여 앉아 풀싸움도 하고, 딱지치기도 하고 여러 가지 풀을 모아 곤충도 만들어 보아요. 뭐라고요? 풀냄새를 맡았더니 내가 풀이 되어버렸다고요?

풀싸움

함께 온 가족이나 친구들과 풀싸움을 해 보세요. 각자 마음에 드는 풀을 골라 걸고 당기거나 톱질을 해서 상대방 풀을 끊은 사람이 이기는 거예요. 예전에는 풀 가운데 가장 질긴 질경이로 풀싸움을 많이 했어요. 마땅한 풀이 없다면 땅에 떨어진 솔잎이나 잣나무 잎으로 해 보아도 재미있어요.

송충이 만들기

강아지풀을 손에 살짝 쥐고 살살 오므렸다 폈다 해 보세요. 아마 송충이처럼 빠져나갈 거예요. 이삭을 거꾸로 잡으면 아래로 빠져나가지요. 이삭을 잡은 방향에 따라 올라갔다 내려갔다 마술을 부려요.

딱지치기

나뭇잎으로 딱지치기를 해요. 나뭇잎 두 장을 나란히 놓고 옆을 손바닥으로 쳐서 다른 나뭇잎에 사뿐 올려놓으면 이기는 놀이예요. 입으로 나뭇잎을 불어서 올리거나 뒤집을 수 있어요.

수염 만들기

강아지풀이나 수크령 같은 풀을 세로로 길게 갈라 콧수염을 만들어 보세요. 만들고 나서 누가 손을 대지 않고 빨리 수염을 떨어뜨리는지 시합해 보아요. 누가 수염을 달고 오래 버티는지 내기해도 재미있어요.

사슴벌레를 만들어요

먼저 서울숲에서 식물 몇 가지를 모아요. 살아 있는 것 말고 땅에 떨어진 나뭇잎, 나뭇가지, 꽃, 열매 따위를 주워요. 그리고 주워 온 식물들로 사슴벌레를 만들어요. 찰흙도 함께 준비해요.

1. 찰흙과 여러 가지 나뭇잎, 풀잎, 나뭇가지, 꽃, 열매 따위를 모아요.

2. 찰흙으로 사슴벌레 머리와 몸통을 만들어요.

솔잎으로 만들어요

소나무는 일 년 내내 푸른 솔잎을 달고 있어요. 그리고 조금씩 잎이 새로 나기 때문에 나무 밑에 항상 잎이 떨어져 있어요. 땅에 떨어진 솔잎을 가지고 여러 가지 만들기를 해 보세요.

3. 나뭇가지와 나무토막으로 날개와 다리를 붙여요.

4. 낙엽을 가위로 잘라 집게를 만들어요.

말

거북이

5. 사슴벌레가 완성되었어요.

활과 화살

물고기

여기서 잠깐!

돋보기로 보는 숲속

자연을 더 자세히 관찰하고 싶을 때는 돋보기를 이용해요. 사물이 크게 보여서 관찰하기에 아주 좋아요. 눈으로는 보이지 않았던 것들이 보여서 돋보기 속에서 또 다른 세상이 펼쳐진답니다. 나뭇잎의 보송보송한 털, 잎눈과 꽃눈을 겹겹이 싸고 있는 비늘 등도 볼 수 있지요. 돋보기를 통해 보이는 작은 꽃이나 커다란 꽃의 한 부분을 세밀하게 관찰해서 그림으로 그려도 좋아요.

내가 돋보기로 관찰한 것들

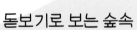

씨앗아, 멀리멀리 퍼져라

드디어 기다리고 기다리던 씨앗이 만들어졌어요. 식물들은 자기가 만든 씨앗을 멀리 보내려고 애를 써요. 왜 그럴까요? 만약 나무나 풀 바로 아래 떨어지면 그늘에 가려 햇빛도 제대로 볼 수 없고, 물기도 빼앗겨서 제대로 자라지 못한답니다. 그리고 같은 나무에서 나온 씨앗들이 근처에서 함께 자라면 같은 형제끼리 꽃가루받이를 할 수 있어요. 이러면 나중에는 약한 후손이 태어날지도 몰라요. 그럼 식물은 어떻게 씨앗을 멀리 보낼까요?

터져라 터져 이질풀 씨앗

봉숭아, 물봉선, 돌콩, 나팔꽃, 이질풀 등은 씨앗이 익으면, 꼬투리가 터지면서 씨앗들이 멀리 튀어나간답니다.

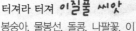

붙어라 붙어 도깨비바늘 씨앗

도깨비바늘, 쇠무릎, 도꼬마리 등은 동물 몸이나 사람 옷에 붙어 이동해요. 씨앗이 끈끈한 액체로 싸여 있거나 갈고리 모양으로 가시가 있어서 쉽게 달라붙지요.

날아라 날아 홍단풍 씨앗

단풍, 느릅나무, 민들레, 할미꽃, 부들, 무궁화 등은 씨앗에 아주 가벼운 털이나 프로펠러같은 날개가 달려 있어서 바람을 타고 멀리 날아가요.

먹혀라 먹혀 산수유를 먹는 직박구리

찔레, 산수유, 좀작살나무, 콩다닥냉이 등은 새가 먹어 주길 기다려요. 새에게 먹히면 씨앗이 소화가 되지 않고 배설물과 함께 나오거든요. 새 덕분에 멀리 자리를 옮기는 것은 물론이고, 새의 소화액이 싹이 쉽게 나도록 도와준대요.

굴러라 굴러 도토리

도토리 같은 열매는 나무에서 땅으로 떨어지면서 엄마 나무에게서 멀리멀리 굴러가요. 또 다람쥐 같은 동물이 겨울에 먹으려고 땅속이나 바위틈에 숨겨 두었다가 둔 곳을 잊어버려 먹지 않으면 이듬해 봄에 싹을 틔우지요.

 ### 씨앗도 겨울잠을 자요

동물들만 겨울잠을 자는 것이 아니랍니다. 씨앗들도 겨울잠을 자요. 제비꽃이 대표적이에요. 제비꽃은 꽃을 피울 때 가을에 꽃봉오리 안에서 스스로 꽃가루받이를 해서 열매를 맺어요. 그러다보니 씨앗이 멀리 날아가지 못해서 땅속에서 잠을 잔답니다. 멀리 날아가지 못하는 대신 땅속에서 자는 거예요. 그러다보니 좋은 꽃을 피울 수 있는 조건이 쉽게 갖추어져요. 연꽃은 1200년 만에 싹을 틔우기도 했고, 목련은 2000년 만에 싹을 틔운 적이 있대요.

연 씨앗

씨앗이랑 놀자

눈을 조금만 크게 뜨고 주변을 둘러보아요. 씨앗을 찾는 일이 그리 어렵지 않답니다. 가장 손쉽게 찾을 수 있는 것은 민들레 씨앗이에요. 하얀 솜털이 보송보송한 민들레 씨앗은 금방 눈에 띈답니다. 아직 솜털이 하나도 날아가지 않는 것으로 찾아보아요. 그리고 도토리도 찾아보아요. 낙엽 밑이나 풀숲을 뒤져 보면 있을 거예요. 단, 놀이가 끝나면 도토리는 서울숲에 두고 가기로 해요. 동물들의 귀중한 먹이니까요.

누가 누가 멀리 날리나?
가을이 되면 씨앗은 갖가지 모양의 날개를 달고 바람에 실려 멀리 날아갈 준비를 하지요. 서울숲에서 날개를 단 여러 가지 모양의 씨앗을 찾아보아요. 씨앗들의 모양과 구조를 살펴보고, 어떻게 바람을 이용하여 날 수 있을지 관찰해 보아요. 한 줄로 나란히 서서 누구 씨앗이 가장 멀리 날아가는지 놀이해 보아요.

도토리 팽이
도토리에 가는 나뭇가지나 이쑤시개를 꽂아 팽이를 만들어 보세요. 빙글빙글 돌리면서 누가 오래 돌리나 내기해 보아요.

도토리가 좋아요

도토리가 열리는 나무들은 우리 민족의 생활에서 매우 유용하게 사용되었어요. 열매를 먹기도 하고 나뭇결을 살려 아름다운 가구를 만들거나 코르크를 이용하기도 하였어요. 참숯으로 만들어 불을 피우면 불이 강하고 열도 많이 났지요. 특히 참나무에서만 자라는 표고버섯은 맛도 좋고 영양도 풍부하답니다.

여기서
잠깐!

할미꽃도 허리를 펼 때가 있어요.

허리가 꼬부라진 할미꽃을 본 적 있나요? 할미꽃은 꽃이 피어 있을 때는 허리를 잔뜩 구부리고 있어요. 하지만 꽃이 지고 씨앗이 익어 가면서 서서히 허리를 펴지요. 그러다가 씨앗이 완전히 익으면 몸을 꼿꼿하게 세운답니다. 이것은 씨앗을 조금이라도 멀리 날리려는 할미꽃의 본능 때문이에요. 자손을 번식시키려는 노력이 정말 놀랍지요?

🌸 동강할미꽃은 천연기념물로 지정되었답니다. 허리를 펴고 있고, 동강 지역에서만 자라고 있어요. 색이 다양해서 멀리서도 눈에 띈답니다.

할미꽃과 할미꽃 꽃씨

숲은 어떻게 변화하나요?

　나무 한 그루가 작은 묘목에서 잎이 무성한 나무로 자라기까지 몇 년이 걸릴까요? 약 30년이 걸린다고 해요. 그러니 나무들이 빼곡하게 들어찬 울창한 숲이 만들어지려면 상상할 수 없을 만큼 오랜 시간이 걸리겠지요? 이렇게 숲이나 생태계에서 아주 긴 시간 동안 걸쳐 일어나는 자연적인 변화를 '천이'라고 해요. 그러니 사람이 보는 숲은 천이 과정 중의 어느 한 순간이에요.

　식물이 자라지 않는 황폐한 땅이 울창한 숲으로 만들어지는 데 기틀을 다지는 식물은 지의류나 이끼들이지요. 아무것도 자라지 않는 척박한 땅에 가장 먼저 자리를 잡거든요. 그 다음에 망초, 개망초, 뚝새풀, 꽃다지, 바랭이와 같은 한해살이풀들이 순식간에 자리 잡고 뿌리를 내리지요. 그러고 나면, 쑥, 토끼풀, 억새 같은 여러해살이풀들이 한해살이풀들을 몰아내기 시작합니다. 이쯤 되면 작은키나무들이 차츰 자리를 잡기 시작하고, 소나무 씨앗이 날아오면서 소나무도 하나씩 나타납니다. 불과 몇

년 만에 햇빛을 좋아하는 소나무가 자리를 잡아 온통 소나무 숲이 되지요. 다시 시간이 흐르면 소나무 숲은 참나무에게 서서히 자리를 빼앗기기 시작해서 어느새 숲은 온통 참나무 숲이 됩니다. 하지만 참나무 숲도 영원할 수는 없습니다. 서어나무나 박달나무가 기다리고 있거든요.

　이렇게 숲이 나이를 먹어 감에 따라 사는 식물들이 달라지기 때문에 숲에서 자라는 나무 종류만 보아도 숲의 나이를 대충 짐작할 수 있어요. 그러니까 서어나무 군락이 자리 잡고 있는 숲은 아주 오랜 기간 동안 훼손되지 않아야 가능한 것이에요.

　이렇게 울창하고 안정적인 숲이 이루어지는 데에는 적어도 100년에서 200년이 걸린다고 해요. 그래서 나무를 심는 것은 물론, 숲이 망가지거나 사라지지 않도록 관심을 기울여야 해요.

동물과 곤충, 습지 생물을 만나요

서울숲에서 동물을 가장 많이 볼 수 있는 곳은 생태숲이에요. 여기에서는 사슴을 가장 많이 볼 수 있지요. 그리고 곤충식물원에서는 여러 가지 곤충 표본과 흔히 보지 못했던 외국 식물들을 볼 수 있어요. 또 하나, 풀숲과 나무 여기 저기에 곤충들이 숨어 있답니다. 몸을 낮추고 주의를 기울여 보아요. 그럼 방아깨비, 무당벌레 같은 곤충들을 만날 수 있을 거예요.

서울숲은 인공숲이지만 자연 상태에서 저절로 생긴 숲처럼 생태 환경을 만들었어요. 동물이 즐겨 먹는 나무와 풀, 몸을 숨길 수 있는 덤불, 새들이 좋아하는 열매 나무들이 많이 심어져 있어요. 시간이 흘러 숲이 더 우거지면, 새끼가 태어나 동물들이 더 많아지고, 지금보다 더 많은 종류의 새들이 날아들 거예요.

꽃사슴 쉼터

생태숲 보행 전망교에
올라가 보아요

사슴과 고라니를 보고 싶다면 생태숲 보행
전망교에 올라 보세요. 사슴들의 모습이 잘
보일 거예요. 운이 좋다면 경계심 많은 고라
니를 만날 수도 있어요.
고라니를 만나면 소리를 내거나 움직이지
말고 눈도 마주치지 마세요. 눈이 마주친 고
라니는 금세 그 자리를 떠나려고 하거든요.
또한 이곳에서는 철따라 날아드는 철새와,
연못에 사는 여러 종류의 물고기와, 습지 생
물도 볼 수 있답니다.

사슴을 만나요

서울숲의 생태숲에서는 언제나 사슴을 볼 수 있어요. 그럼, 지금부터 사슴들을 만나볼까요?

사슴은 숲과 호숫가를 좋아해요. 아침 저녁으로 나무의 싹이나 풀을 먹고 낮에는 그늘에서 쉬지요. 하지만 여름에는 더워서 물속에 있는 경우도 많답니다. 사슴은 암수가 따로 무리를 지어 생활해요. 암컷들은 늙은 암컷을 중심으로 새끼들과 무리를 만들고, 수컷들은 수컷끼리 무리를 지어 살지요. 그러다가 9월이 되면 싸움에서 이긴 수컷은 수십 마리의 암컷을 이끌고 하렘*을 만듭니다.

*하렘 : 수컷 사슴 한 마리를 중심으로 암컷 10~30마리가 집단을 하나 만들고 새끼를 낳는 번식 방법이에요.

> ### 생태숲에서 사슴을 만날 때는 조심해야 해요.
>
> 1. 사슴은 겁이 많아요. 큰소리를 내면 사슴이 놀란답니다.
> 2. 사슴과 눈을 맞추면 안 돼요. 사슴이 놀라서 도망가요.
> 3. 사슴 우리 안으로 물건을 던지면 안 돼요.
> 4. 사슴에게 먹이를 줄 때 과자 같은 것을 주면 안 돼요. 사슴이 배탈날 수도 있어요.
> 5. 질서를 잘 지켜야겠지요.

사슴의 사계절

봄 : 기지개를 켜요
연둣빛 싹이 돋아나고, 나무에선 새순이 돋아나면 사슴들에게는 더 없이 행복한 계절이에요. 먹이와 물이 넘쳐나니까요.
특히 임신한 사슴들은 건강한 아기 사슴을 낳기 위해 더 열심히 먹는답니다.

가을 : 나와 결혼해 줘!
가을이 되면 사슴들은 결혼을 해요. 수 사슴들끼리 싸워 이긴 사슴은 우두머리가 되는데, 우두머리 사슴은 모든 암컷과 결혼할 수 있어요. 그래서 수사슴들은 나무나 주위에 있는 단단한 물건에 뿔의 끝이 뾰족하도록 갈아낸답니다. 우두머리가 되면 먹이도 제일 먼저 먹을 수가 있어요. 그래서 먹이가 부족해도 우두머리 사슴은 살아남을 가능성이 높답니다.

여름 : 아기 사슴이 태어났어요
초여름이 되면 아기 사슴이 태어나요. 먹이가 풍부해서 아기 사슴을 기르기에 좋은 계절이에요. 하지만 장마철에는 여러 가지 질병에 걸리기 쉽기 때문에 장마철이 시작되기 전인 6월까지만 새끼를 낳아요. 하지만 서울숲처럼 사육하는 사슴은 좀 늦은 7월에 새끼를 낳기도 하지요. 보통 한 마리를 낳는답니다.

겨울 : 눈보라와 추위를 이겨내요
날씨가 추워져 얼음이 얼면 물을 먹기도 어렵답니다. 그리고 눈이 쌓이면 남아 있는 풀과 나무뿌리조차 찾기 어려워져서 하루하루 살아가기가 너무 힘겹답니다. 그래도 사슴은 시련을 견뎌내며 겨울의 추위와 눈보라를 이겨 내고 봄을 기다려요.

사슴의 먹이

사슴같이 풀을 먹고 사는 초식 동물은 육식 동물을 조심해야 해요. 그래서 먹이를 발견하면 빨리 배를 채우고 안전한 곳으로 피해서 먹었던 음식을 다시 입으로 끌어올려 씹어 삼키는 '되새김질'을 하지요. 사슴은 소나무, 삼나무, 전나무, 잣나무, 가문비나무의 새싹과 잎을 먹고 때로는 나무껍질도 벗겨 먹어요. 칡이나 도토리, 씀바귀, 명아주 같은 풀도 먹지요. 하지만 서울숲의 사슴들은 사료를 먹기도 해요. 생태숲에 나무와 풀이 많이 자라지만 계절에 따라 먹이를 구하기 힘들 때도 있고 야생 상태에 비하면 부족하지요. 그래서 사육사들이 하루에 두 번씩 사료를 먹이 그릇에 담아 두지요. 여름엔 염분을 넣거나 철분이나 비타민을 섞어 주기도 해요. 하지만 사슴들은 싱싱한 나뭇잎과 풀들을 더 좋아한답니다.

서울숲에 사는 꽃사슴

명아주 잎

먹이사슬

생태계를 이루는 생물들이 서로 먹고 먹히는 관계를 먹이사슬이라고 해요. 쉬운 예로는 초원의 풀(1차 생산자)을 초식 동물 (1차 소비자)이 먹고, 이를 잡아먹는 육식 동물(2차 소비자)이 있는 형태이지요. 사슴은 풀을 먹는 초식 동물이기 때문에 먹이사슬에서 1차 소비자가 되는 거지요.

사자
(2차 소비자)

사슴
(1차 소비자)

풀
(1차 생산자)

사슴이 무서워요

겁 많고 예쁜 사슴이 식물에게는 무서운 동물이래요. 사슴은 어린 싹이 나오는 대로 모두 잘라 먹는 데다 잎이나 줄기까지 먹어 치우기 때문이에요. 식물은 사슴을 피해 도망갈 수가 없으니까 되도록 잎을 많이 달거나 가시나 독을 만들어서 자신을 보호해요.

여기서 잠깐!

꽃사슴에게 먹이를 주세요

서울숲 생태숲에서는 꽃사슴에게 직접 사료를 먹여 주는 체험을 할 수 있어요. 손바닥 위에 먹이를 올려 놓고 사슴에게 내밀면 된답니다. 혹시 사슴이 물까 봐 겁이 난다고요? 그런 걱정은 하지 않아도 돼요. 사슴은 윗이빨이 없기 때문에 물 수가 없거든요. 꽃사슴 먹이주기 프로그램은 9월 이후에는 진행하지 않아요. 9월이 되면 사슴의 뿔이 단단해지고 짝짓기가 시작되어서 사슴이 예민해지기 때문이에요.

암컷은 왜 우두머리 사슴이 정해지기를 기다릴까요?

암컷들은 훌륭한 자식을 얻기 위해서 우두머리 사슴이 정해지기를 기다려요. 싸움에서 이긴 우두머리 수컷 사슴의 혈통을 가진 아기 사슴이 건강하고 힘센 사슴이 될 것을 암사슴들은 본능적으로 알고 있어요.

사슴의 뿔

사슴의 뿔은 수컷에게만 있어요. 암컷의 눈길을 사로잡거나 싸움에 이겨 무리의 우두머리가 되기 위해서 꼭 필요하지요. 두 살 때부터 뿔이 나기 시작해서 해마다 곁가지가 하나씩 생겨나요. 그래서 뿔의 가지를 세어 보면 나이를 알 수 있답니다. 하지만 열 살이 넘으면 더 이상 곁가지를 치지 않아요. 이렇게 나뭇가지처럼 생긴 사슴의 뿔을 '가지진 뿔'이라고 불러요. 사슴뿔은 일 년에 한 번씩 뿔갈이를 한답니다. 봄에 생겨난 뿔은 일 년이 지나면 저절로 떨어지지요.

여기서 잠깐!

나는 고라니예요. 사슴이 아니에요.

고라니는 사슴과에 속하는 작은 동물이에요. 몸색깔은 사슴과 비슷하지만 뿔이 없고 수컷은 날카로운 송곳니가 있어요. 송곳니는 나무뿌리를 캐거나 적과 싸울 때 무기가 되지요. 고라니는 무리지어 다니는 사슴과 달리 혼자 다니거나 암컷과 수컷이 짝을 지어 다녀요. 집을 짓거나 앉아서 쉬는 법도 없답니다. 먹이는 나무뿌리와 어린 나뭇잎을 먹어요. 그리고 봄과 여름에 새끼를 낳아 길러요. 겨울이 오면 새끼 스스로 살아갈 수 있어야 하니까요.

먹이도 쉼터도 없는 겨울은 고라니에게 힘든 계절이에요.

고라니는 자기가 살던 장소로 돌아오는 귀소 본능이 있어요.

♣ 고라니는 우리나라에서는 흔한 동물이지만 중국에서는 보호동물이에요. 주로 동아시아 지역에만 서식하고 있어서 유럽 등지에서는 희귀 동물이에요.

호기심쟁이 다람쥐를 만나요

다람쥐는 숲속에서 다른 동물보다 자주 볼 수 있어요.

서울숲에서도 조금만 주의를 기울여 보면 쪼르르 달려가는 다람쥐를 볼 수 있을 거예요. 다람쥐는 나무가 쓰러져 겹친 곳처럼 숨기 좋은 장소를 좋아해요.

그리고 물이 가까운 곳을 좋아해서 계곡 근처도 좋아해요. 위험이 닥치거나 먹이를 찾을 때면 나무 위로 올라가지요. 두툼하

먹이를 찾아 민가에 내려온 다람쥐

고 큰 꼬리는 나무에서 뛰어내릴 때 균형을 잡거나 속도를 줄여 준답니다.

다람쥐는 먹이를 저장해요

양쪽 뺨에 뺨주머니가 있어서 먹이를 넣어 나르지요. 가을이 되면 겨울잠 준비를 하기 위해 여름에 살던 굴보다 더 깊이 굴을 파고 뺨주머니에 먹이를 넣어 저장하지요. 밤, 도토리, 땅콩, 잣나무, 참피나무, 북가시나무, 개암나무의 씨, 옥수수, 호박, 오이, 수박씨 등을 좋아해요.

 여기서 **잠깐!**

비슷하지만 달라요

사람들은 보통 청설모와 다람쥐를 혼동해요. 하지만 자세히 살펴보면 모습이나 생활이 달라요. 다람쥐는 땅 위에 살지만 청설모는 나무 위에 집을 짓고 살거든요.

청설모는 다람쥐처럼 겨울잠을 자지 않고 털갈이를 하는 것으로 겨울을 준비해요. 그래서 겨울에 먹이가 귀할 때 먹으려고 나무 밑이나 돌틈 사이에 숨겨 놓았다가 기억이 안 나서 절반도 찾지 못해요. 그 덕분에 종자식물을 이곳저곳에 퍼뜨려 숲을 가꾸는 일등 공신이에요.

청설모는 다람쥐에 비해 몸크기가 5배는 크답니다.

동물들은 이렇게 살아요

짝짓기

동물들은 같은 종족을 알아보거나, 짝을 찾기 위해서 몸 색깔을 바꾸거나 독특한 냄새를 풍겨요. 이런 몸짓을 구애 행동이라고 해요. 백로는 부리를 쳐서 나는 소리로 암컷의 관심을 끌고, 금관조는 노래부르면서 깃털을 높이 들어 암컷의 환심을 사지요. 청개구리는 큰소리로 노래를 불러 암컷의 마음을 차지한답니다. 또 원앙처럼 수컷들이 암컷에게 사랑을 받기 위해 곱게 털갈이를 하는 것은 '혼인깃'이라고 한답니다.

청개구리가 울음 소리를 내어 암컷을 유혹하고 있어요.

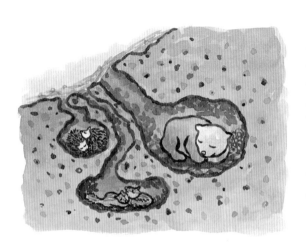

겨울나기

새끼를 낳아 젖을 먹여 기르는 포유류는 몸 온도가 언제나 똑같은 항온 동물이에요. 먹이를 통해서 섭취한 음식물을 통해 몸에 필요한 열을 얻어 체온을 조절하지요. 겨울처럼 기온이 낮은 계절에 체온을 유지하는 것은 죽느냐 사느냐를 결정하는 중요한 일이지요. 털을 촘촘하고 길게 만들고 색깔을 바꾸기도 하지만 먹이를 구하기 힘들어지면 긴 겨울잠을 자기도 해요. 겨울잠에 들기 위해서는 가을철에 먹이를 많이 먹어서 몸에 지방을 비롯한 영양분을 많이 저축한답니다. 날씨가 추워지면 따뜻한 굴 등에 들어가 잠을 자요. 이것은 에너지를 아끼고 움직임을 줄이기 위해서랍니다.

여기서 **잠깐!**

서울숲에서 내가 본 동물은 무엇인가요?

내가 만난 동물의 사진을 찍어 붙여 보아요.

서울숲에 쓰이는 에너지는 무엇일까요?

서울숲에 있는 건물들 옥상을 눈여겨보면 옥상 위에서 풀이 자라는 모습을 볼 수 있어요. 왜 옥상에 풀을 심었을까요?

우리가 에너지로 주로 사용하는 석탄이나 석유 같은 화석 연료는 쓰면 쓸수록 줄어들어 없어져요. 더구나 이것들을 에너지로 이용하면 이산화 탄소와 같은 대기 오염 물질을 배출하지요. 대기 중에 이산화 탄소 양이 많아지면 온실 효과와 열섬 현상, 스모그, 오존층 파괴, 산성비 같은 현상들이 나타납니다. 이렇게 에너지는 사람들이 편리하게 생활할 수 있도록 해 주지만, 지구에 있는 자원이 점점 없어지게 되고 환경까지 오염시키는 나쁜 점도 있답니다. 그래서 서울숲에서는 에너지를 쓰면서 생기는 나쁜 점들을 줄이기 위해서 건물에 옥상 녹화를 하고 있어요. 옥상 녹화란 건물 옥상에 알맞은 식물을 심는 것이지요. 사람이 쉬면서 즐기기 위한 옥상 정원과는 달리, 사람은 드나들지 않고 새나 작은 동물을 위한 공간이라고 할 수 있지요. 옥상 녹화를 하면 열섬 현상이나 온실 효과가 줄어들어 건물의 냉난방비가 줄어들고, 빗물이 빠르게 흐르는 것을 막아 수량을 조절하고, 건물 수명이 오래가도록 해 준답니다.

또 서울숲은 화석 연료 대신 환경을 살리고 오염 물질을 배출하지 않는 에너지를 최대한 이용하기 위해 노력하고 있어요. 생태숲에 가서 가로등을 잘 관찰해 보세요. 전등 위에 판이 붙어 있을 거예요. 바로 태양열 전지판이에요. 낮에 태양열 전지를 통해 에너지를 모았다가 밤에 불을 밝히는 것이랍니다. 습지생태원에 있는 관리사무소는 지열 에너지를 냉난방을 위해 필요한 에너지로 쓴다고 해요.

서울숲 건물 옥상의 태양열 전지판

곤충을 만나러 가요

곤충은 지구에 사는 동물 가운데 그 수가 가장 많답니다. 그리고 지구에서 가장 오래된 생물이에요. 잠자리, 하루살이, 바퀴벌레 따위는 지구상에 약 3억 년 전에 나타났다고 하니 정말 놀랍지요. 때문에 곤충의 몸은 오랜 기간 동안 수많은 생존 경쟁에서 살아남기 위해 조금씩 발전했답니다. 작고 보잘 것 없어 보이지만 제 나름대로 생활 전략을 세워서 자신의 종족을 보전하고 있답니다. 이것이 바로 곤충이 오랜 시간 동안 번성할 수 있었던 바탕이 되는 것이지요.

머리
1쌍의 더듬이와 1쌍의 겹눈, 그리고 몇 개의 홑눈이 있어요.

가슴
3쌍의 다리와 2쌍의 날개를 가지고 있어요. (파리와 모기는 1쌍의 날개)

배
마디마다 있는 공기 구멍이 허파의 역할을 해요.

곤충의 가장 기본적인 특징은 다리가 3쌍이고 머리, 가슴, 배의 세 부분으로 나누어진다는 점이에요.

밤오색나비의 변환 과정

1. 애벌레
눈이 없고 입과 더듬이로 오로지 먹는 일에만 열중해요. 그래서 생식 기관은 없고 소화 기관만 발달해 있어요.

2. 번데기로 탈바꿈
애벌레에서 번데기가 되기 위해 탈바꿈하고 있어요.

3. 번데기
드디어 번데기가 되었어요. 보호색을 만들어 눈에 잘 띄지 않도록 해요.

4. 우화
번데기가 성충이 되는 과정이에요. 날개가 나타나서 날개돋이라고도 해요.

5. 성충
번데기에서 나와 날개를 말리고 있어요.

난 나비일까, 나방일까?

더듬이의 생김새을 비교하면 나비는 곤봉형이고 나방은 촘촘한 빗살형이랍니다. 그리고 꽃에 앉아 있는 모습을 봐도 구분할 수 있답니다. 나비는 주로 날개를 접고 있고 나방은 날개를 펼치고 있어요. 그리고 나비는 낮에 주로 활동하는데, 나방은 주로 밤에 활동 하는 경우가 많답니다.

나비(큰멋쟁이나비)

나방(매미나방)

곤충 잡기

곤충을 잡아서 관찰할 때는 다치지 않도록 잡아요. 그래야 관찰이 끝난 뒤 자연 상태로 돌려보낼 수 있답니다.

포충망을 이용하여서 잡기
매미나 잠자리 등을 잡을 때 포충망은 깊고 입구가 너무 크기 않은 것이 좋아요.

불빛을 이용해 잡기
곤충들이 가로등 불빛에 모여든 모습을 자주 보았을 거예요. 곤충이 살기 적당한 곳에 등불을 매달고 흰 천을 설치해 두면 불빛에 유인된 곤충들을 관찰할 수 있어요. 풀밭과 가까운 곳에서는 풀벌레를. 참나무 숲속이라면 장수풍뎅이나 사슴벌레를 볼 수 있을거예요.

털어서 잡기
나뭇잎에 주로 붙어서 지내는 곤충을 잡을 때에는 긴 가지를 이용해서 나뭇가지를 건드리거나 흔들어요. 곤충이 쉽게 도망가지 않게 우산 같은 것을 펴고 털어요.

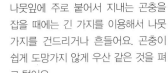

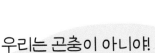

벌레 덫 만들어 잡기
귀뚜라미 같은 곤충을 잡을 때는 땅을 파고서 그곳에 컵이나 병을 묻어요.
그 속에 냄새와 맛이 강한 먹이를 넣어 곤충을 유인해서 잡아요. 이런 방법으로는 주로 딱정벌레나 귀뚜라미를 잡아요.

여기서 잠깐!

우리는 곤충이 아니야!

사람들이 우리를 곤충으로 알고 있는 경우가 많은데, 사실 우리는 곤충이 아니랍니다. 몸에 마디가 있고, 각 마디에 관절이 있는 부속지(동물의 몸통에 가지처럼 붙어 있는 부분)가 달린 우리는 절지동물에 속하지요.

긴호랑거미

쥐며느리

노래기

서울숲에서 만나는 곤충들

서울숲 어디에 곤충이 있을까요? 사실 곤충은 우리 주변 풀이나 나무가 있는 곳이면 어디든지 있어요. 풀숲에는 방아깨비나 풀무치, 여치 등이 숨어 있고요. 꽃 속에는 꿀을 빨며 꽃가루를 묻히는 나비나 벌을 볼 수 있답니다. 어디 그뿐인가요? 파란 하늘을 날아다니며 짝 짓기를 하거나 물가에서 알을 낳는 잠자리나 소금쟁이도 있지요. 그리고 조용히 몸을 사리며 다른 곤충을 노리는 사마귀도 있답니다.

곤충을 찾는법

무작정 곤충을 찾으면 너무 어려워요. 애벌레가 좋아하는 먹이가 무엇인지 알아보고 찾으면 쉽게 찾을 수 있을 거예요. 그리고 나뭇잎이나 풀 뒷면을 들춰 보면 곤충 알과 애벌레나 번데기를 볼 수 있어요.

쌍살벌집

서울숲에서 쉽게 만날 수 있는 곤충들이에요.

나비(작은멋쟁이나비)
꿀을 찾아 이 꽃 저 꽃으로 돌아다니며 꽃가루를 옮겨 주지요. 털비늘을 가지고 있기 때문에 날개 색이 다양하고 비가 와도 젖지 않아요. 나비는 날지 않을 때는 날개를 접어요.

노린재
위험한 상황에 처하거나 자극을 받으면 앞가슴에 있는 냄새샘에서 고약한 냄새를 풍기지요. 이 노린내는 적을 유인하거나 짝짓기를 위해 상대를 유인하는데 필요해요. 노린재목에 속하는 곤충들은 식물의 즙이나 다른 곤충의 체액을 빨아먹고 살아요.

사마귀
낫 모양으로 생긴 앞발을 들고 있다가 먹이가 나타나면 날카로운 톱날이 달린 앞다리로 먹이를 낚아채지요. 가을이 오면 거품과 함께 알을 낳는데 딱딱하게 굳어진 알집에서 겨울을 지낸답니다.

무당벌레
농작물들에게 피해를 주는 진딧물과 깍지벌레가 무당벌레의 먹이예요. 그래서 살아 있는 농약이라고 하지요. 겨울에는 바위틈이나 낙엽 밑에 뭉쳐서 추위를 이겨 내요. 좋아하는 진딧물이 없을 때는 꽃가루를 먹기도 해요.

잠자리(고추잠자리)
잠자리는 여름과 가을에 하늘을 누비는 대표적인 곤충이지요. 애벌레일 때는 물속에서 모기나 각다귀 애벌레, 올챙이를 잡아먹어요. 하지만 성충이 되면 파리나 모기, 각다귀 등의 해충을 잡아먹는 훌륭한 사냥꾼이자 해충 박멸꾼이지요.

매미(애매미)
매미는 애벌레로 땅속에서 길게는 5~6년을 보내고 나무 위로 기어올라 와 날개돋이를 하지요. 성충이 되면 나무의 수액을 먹으며 2주 정도 살아요. 여름이면 짝을 찾는 수컷 매미의 노랫소리가 들린답니다.

곤충식물원에 가면 만날 수 있어요

곤충식물원은 곤충관과 식물원으로 나눌 수 있어요. 여기에는 각종 식물들과 곤충의 표본들을 전시한 곳이에요. 그동안 우리 주변에서 보아왔던 것들보다는 처음 보는 것들이 더 많을 거예요. 특히 식물들은 꽃이 피어 있거나 열매가 달려 있는 것들이 많아요. 많은 사람들이 관람하는 곳이니 함부로 만지거나 손대서 망가지지 않도록 해요.

식물원
사막의 대표 식물인 선인장을 비롯해 외국식물들이 주로 자라고 있답니다. 그 사이사이로 잠자리 애벌레를 비롯하여 장수풍뎅이 등 여러 곤충들의 애벌레를 기르고 있어요. 날짜를 정하여 일정한 간격으로 곤충식물원을 방문한다면 애벌레가 자라는 모습을 주기적으로 관찰할 수 있을 거예요.

곤충관
세계 여러 나라에서 표본되어 온 곤충들을 만날 수 있어요. 우리가 흔히 잘 아는 나비, 매미, 딱정벌레 등을 비롯하여 외국의 여러 곤충들이 있어요. 특히 남미 지역에서 온 곤충들은 색이 너무 아름다워서 보는 눈이 즐겁답니다.

야외식물원
곤충식물원의 마당을 쭉 둘러보아요. 가지, 호박, 고추 등이 자라고 있어요. 사서 먹기만 했던 것들이 자라는 모습을 직접 확인 할 수 있어 재미있답니다. 봄부터 여름 무렵에 가면 열매도 볼 수 있어요. 다른 사람들도 볼 수 있도록 열매를 따는 일이 없어야 해요.

*밭벼 : 벼는 논에서만 자란다고 알고 있었지요. 이렇게 밭에 씨를 뿌려 키우기도 한답니다.

가지

밭벼*

수생식물들

왕잠자리 수채
잠자리의 애벌레예요. 평소엔 행동이 느리지만 물벼룩, 장구벌레 같은 작은 벌레를 만나면 순식간에 낚아챈답니다.

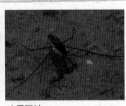

게아재비
물속 노린재예요. 물속에서 생활하다가 숨을 쉴 때는 배 끝에 달린 기다란 호흡관을 물 밖으로 내밀고 숨을 쉰답니다.

소금쟁이
물위에 떠 살아요. 몸이 가볍고 다리에 있는 잔털과 털 사이의 공기 때문에 물위에 뜰 수 있지요.

곤충식물원

51

습지 생물을 만나요

습지생태원은 원래 있던 인공 저수지를 이용해서 만들었어요. 중랑천 하류와 가까워 많은 새들을 관찰할 수 있지요. 관찰로를 따라 걷다보면 물속에서 자라는 수생 식물들이 보인답니다.

물풀들은 물속에 녹아 있는 적은 양의 산소를 흡수하거나, 물결 따라 흐느적거리는 얇은 잎 전체를 통해 산소를 흡수한답니다. 뿌리는 물밑 땅속에 두고 잎을 물 밖으로 올려 보내 산소를 받아들여 뿌리까지 보내기도 해요. 뿌리가 발달한 땅속 식물들에 비해 물속 식물들이 약한 뿌리를 가진 데에는 이런 이유가 있답니다. 특히 물에 뜨는 줄기나 잎에 구멍이 많은 것은 공기의 이동을 위해 큰 역할을 한답니다.

습지생태원

연꽃과 수련 어떻게 다를까요?

연꽃

수련

연꽃과 수련을 구분하는 가장 쉬운 방법은 꽃대가 길게 나와 있으면 연꽃, 물위에 꽃이 바짝 피어 있으면 수련이라고 보면 되요. 연은 연밥이 꽃과 함께 열리지만 수련은 연밥이 없고 꽃이 떨어지고 난 뒤 열매가 나와요. 또 수련은 꽃이 아침에 피었다가 오후나 저녁에 오므라드는데, 이런 과정을 3일 정도 반복하다 시들어요. 그래서 '잠자는 연'이라는 뜻을 담아 수련이라고 해요.

서울숲의 습지에서 볼 수 있는 식물들
부들은 연못가나 습지에서 무리 지어 자라요. 잎이 부드러워서 부들부들하다고 '부들'이라는 이름이 붙었어요. 수꽃과 암꽃이 붙어 있는 것은 '부들'이에요. 그러나 수꽃과 암꽃이 떨어져 있는 것은 '애기부들'이에요. 그리고 애기부들에 비해 부들의 암꽃이 훨씬 크답니다.

애기부들

부들

갈대

억새

비슷하지만 달라요, 갈대와 억새

갈대는 물속이나 물가가 아니면 살기 어려운 습지 식물이에요. 키가 2미터 넘게 자란답니다. 강기슭이나 염분이 있는 바닷가 개펄에서 볼 수 있는데 줄기 밑 부분과 뿌리는 주로 물속에 박혀 있어요. 이삭은 갈색으로 한데 뭉쳐 있어요. 하지만 억새는 물억새를 제외하고는 물을 무척 싫어한대요. 따라서 건조하고 척박한 산에서 많이 볼 수가 있지요. 솜털이 백색에 가깝고 한 올 한 올 분리되어 있는데, 억새 잎은 무척 억세서 잘못 건드리면 손을 베이기도 하니 조심해요.

여기서 **잠깐!**

서울숲에서 새를 만나 보아요.

서울숲에는 많은 새들이 생활하고 있어요. 하지만 새소리를 듣고 주위를 둘러보아도 나무가 우거진 곳에서는 새들이 눈에 띄지 않는답니다. 새들을 비교적 쉽게 관찰할 수 있는 곳은 생태숲의 연못과 습지생태원이에요. 물가에서 먹이를 잡거나 물위를 헤엄쳐 다니는 새들을 쉽게 볼 수 있으니까요.

흰뺨검둥오리

새를 보려면 꼭 알아 두세요.

1. 새들은 아주 민감해요.
   – 큰소리로 이야기하거나 뛰어다니지 말아요.
   – 몸을 낮추고 천천히 움직여요.
2. 새들은 시력이 좋아요.
   – 물건을 던지거나 손가락질을 하지 말아요.
   – 원색 옷보다 무채색 옷을 입어요.
3. 장비를 이용하면 좋아요.
   – 쌍안경이나 필드스코프를 사용하면 새들을 더 잘 관찰할 수 있어요.

왜가리

서울숲에서 쉽게 만날 수 있는 새들이에요.

서울숲에서 만날 수 있는 새들
직박구리, 멧비둘기, 박새, 참새, 오색딱따구리, 흰뺨검둥오리, 원앙, 왜가리, 뻐꾸기, 재갈매기, 청오리, 쇠오리, 까치

숲은 우리 곁에 꼭 있어야 해요

무성한 나무가 있는 숲은 우리의 지친 몸과 마음을 달래 주는 쉼터이지요. 그래서 숲에 가면 기분이 상쾌해져요. 뿐만 아니라 숲에 있는 나무는 전 세계적으로 1년 동안 3억 톤이 넘게 목재, 땔감, 종이 등 산업에 필요한 원료로 쓰이는 아주 중요한 자원이에요.

하지만 숲의 가장 큰 역할은 무엇보다 지구 환경을 지키는 데 있답니다. 숲은 먼지를 걸러 내고 태양의 복사열을 막아 주어 도시를 시원하게 만든답니다. 무더운 여름 날 숲에 들어가면 더 시원한 것은 이때문이지요. 또한 사람들이 토해 낸 탄산가스를 흡수하고 광합성을 통해 산소를 만들어 낸답니다. 숲은 지구의 공기를 깨끗하게 만들지요. 그래서 숲을 '지구의 허파'라고 한답니다.

숲은 지구에 물이 많을 때는 물을 잔뜩 품고 있다가 가뭄이 들었을 때에 물을 흘려 보서 균형을 잡아 준답니다. 우리나라에 있는 숲에서 저장할 수 있는 물은 약 180억 톤이랍니다. 9개의 다목적 댐과 기타 저수지의 물을 모두 합친 것보다 1.6배가 많아요. 멋진 경치와 맑은 공기를 준다고만 생각했는데, 숲의 역할이 생각보다 어마어마하지요? 만약 지구에서 숲이 사라진다면 지구상의 모든 생명이 사라지게 될지도 몰라요. 숲은 지구에 사는 모든 생명체의 어머니이니까요.

우리 모두 숲을 아끼고 보전해야겠어요. 우리 모두가 숲의 주인이니까요.

서울숲을 그려 보아요

서울숲의 나무나 풀을 관찰한 뒤 생태지도를 그려 보아요. (꼭 서울숲이 아니어도 좋아요.)

① 우선 생태지도를 그리고 싶은 장소를 정해요. 너무 넓게 정하면 그리기 힘들어요.

② 마음을 정한 장소에 어떤 나무나 풀이 있는지 살펴보아요. 그리고 자세히 관찰한 뒤 지도에 옮겨 그려요. (꽃과 잎, 줄기와 열매들의 특징을 그려보는 것은 자연을 관찰하는데 도움이 되지요.)

③ 지도를 그려 보면 그 지역의 생태를 한눈에 확인할 수 있어요.

사진 출처

이정진 6~7p(문화예술공원전경), 5p(바닥분수), 8p(문화예술공원의 나무들), 9p(침엽수(소나무)), 9p(활엽수(쪽동백나무)), 9p(상록수(주목나무)), 10p(잎의 구조(산벚나무 잎)), 11p(모여나기(은행나무 잎)), 11p(마주나기(개나리 잎)), 11p(어긋나기(국수나무 잎)), 11p(홑잎(목련 잎)), 11p(겹잎(복자기나무 잎)), 12p(소나무), 12p(자작나무), 12p(느티나무), 12p(메타세쿼이어), 12p(양버즘나무), 12p(화살나무), 13p(음나무), 14p(산벚나무 열매), 18p(칠엽수 잎), 18p(칠엽수 수피), 18p(병꽃나무 잎), 18p(병꽃나무 꽃 18p(병꽃나무 수피), 18p(붉은인동 잎), 18p(붉은인동 꽃), 18p(붉은인동 수피), 19p(소나무잎), 19p(소나무 암꽃), 19p(소나무 수피), 19p(은행나무 잎), 19p(은행나무 수꽃), 19p(은행나무 수피), 19p(회화나무 잎), 19p(회화나무 수피), 20p(느티나무 잎), 20p(느티나무 수피), 20p(나무수국 잎), 20p(나무수국 수피), 20p(버즘나무 잎), 20p(버즘나무 수피), 21p(버드나무 잎), 21p(버드나무 수피), 21p(산수유나무 잎), 21p(산수유나무 수피), 21p(층층나무 잎), 21p(층층나무 열매), 21p(층층나무 수피), 22p(백합나무 잎), 22p(백합나무 수피), 22p(상수리나무 잎), 22p(상수리나무 수피), 22p(메타세쿼이아 잎), 22p(메타세쿼이아 수피), 23p(스트로브잣나무 잎), 23p(스트로브잣나무 열매), 23p(스트로브잣나무 수피), 23p(화살나무 잎), 23p(화살나무 꽃), 23p(화살나무 수피), 23p(계수나무 잎), 23p(계수나무 수피), 24p(좀작살나무 잎), 24p(좀작살나무 꽃), 24p(좀작살나무 수피), 24p(자작나무 잎), 24p(자작나무 열매), 24p(자작나무 수피), 24p(속이 빈 대나무줄기), 27p(바닥분수), 27p(거울연못), 27p(물놀이터), 28p(꽃마리), 28p(꽃바지), 28p(고들빼기), 31p(여뀌), 31p(다닥냉이), 31p(괭이밥), 31p(지칭개), 31p(고들빼기), 31p(주름잎), 32p(서양민들레), 33p(매발톱꽃), 33p(애기똥풀 똥), 33p(질경이), 33p(꽃마리), 36p(홍단풍 씨앗), 38~39p(숲 전경), 40p(곤충식물원 건물), 40p(식물원), 40p(선인장), 40p(수련), 41p(가지), 41p(곤충 표본), 41p(꽃사슴 쉼터), 41p(꽃사슴), 47p(태양열 전지판), 51p(식물원), 51p(곤충관), 51p(가지), 51p(밭벼), 51p(곤충식물원 건물), 52p(습지생태원), 52p(애기부들), 52p(부들), 53p(흰뺨검둥오리), 53p(왜가리)

서울숲사랑모임 3p(서울숲 입구), 7p(좀작살나무 열매), 14p(도꼬마리 열매), 14p(좀작살나무 열매), 14p(마가목나무 열매), 15p(나이테), 19p(회화나무 꽃), 28p(감국), 28p(산국), 28p(벼룩이자리), 28p(벼룩나물), 28p(바랭이), 28p(방동사니), 28p(씀바귀), 29p(로제트(망초)), 30p(달맞이꽃), 30p(흰민들레), 30p(벼), 30p(나팔꽃), 31p(애기수영), 32p(민들레), 33p(낙지다리), 34p(사슴벌레1), 34p(사슴벌레2), 34p(사슴벌레3), 34p(사슴벌레4), 34p(사슴벌레5), 35p(산수유를 먹는 직박구리), 36p(이질풀 씨앗), 43p(서울숲에 사는 꽃사슴), 43p(명아주 잎), 44p(사슴의 뿔), 44p(고라니), 45p(청설모), 50p(쌍살벌집), 50p(작은멋쟁이나비), 50p(사마귀), 51p(왕잠자리 수채), 51p(게아재비), 54~55p(서울숲 전경)

안현아 9p(낙엽수(단풍나무)), 10p(가지만 남은 나무(단풍나무)), 11p(백목련), 21p(버드나무 꽃), 21p(산수유나무 꽃), 24p(대나무), 30p(분꽃), 30p(닭의장풀), 31p(제비꽃), 33p(돌콩), 33p(봄맞이), 36p(도토리), 36p(연 씨앗), 49p(긴호랑거미), 49p(쥐며느리), 50p(노린재), 50p(무당벌레), 50p(애매미), 50p(고추잠자리), 51p(소금쟁이), 52p(연꽃), 52p(수련), 53p(억새)

성기수 45p(다람쥐), 48p(밤오색나비 애벌레), 48p(밤오색나비 탈바꿈), 48p(밤오색나비 번데기), 48p(밤오색나비 우화), 48p(밤오색나비 성충), 49p(노래기)

전세영 30p(패랭이), 36p(도깨비 바늘), 37p(할미꽃과 할미꽃 씨), 49p(큰멋쟁이나비), 49p(매미나방)

맹주희 9p(땅위 줄기가 살아있는 나무와 땅위 줄기가 말라버린 풀)

이화여자대학교자연사박물관 46p(청개구리)

초등학교 교과서와 관련된 학년별 현장 체험학습 추천 장소

1학년 1학기 (21곳)	1학년 2학기 (18곳)	2학년 1학기 (21곳)	2학년 2학기 (25곳)	3학년 1학기 (31곳)	3학년 2학기 (37곳)
철도박물관	농촌 체험	소방서와 경찰서	소방서와 경찰서	경희대자연사박물관	IT월드(과천정보나라)
소방서와 경찰서	광릉	서울대공원 동물원	서울대공원 동물원	광릉수목원	강원도
시민안전체험관	홍릉 산림과학관	농촌 체험	강릉단오제	국립민속박물관	경희대자연사박물관
천마산	소방서와 경찰서	천마산	천마산	국립서울과학관	광릉수목원
서울대공원 동물원	월드컵공원	남산골 한옥마을	월드컵공원	국립중앙박물관	국립경주박물관
농촌 체험	시민안전체험관	한국민속촌	남산골 한옥마을	기상청	국립고궁박물관
코엑스 아쿠아리움	서울대공원 동물원	국립서울과학관	한국민속촌	서대문자연사박물관	국립국악박물관
선유도공원	우포늪	서울숲	농촌 체험	선유도공원	국립부여박물관
양재천	철새	갯벌	서울숲	시장 체험	국립서울과학관
한강	코엑스 아쿠아리움	양재천	양재천	신문박물관	남산
에버랜드	짚풀생활사박물관	동굴	선유도공원	경상북도	남산골 한옥마을
서울숲	국악박물관	고성 공룡박물관	불국사와 석굴암	양재천	롯데월드 민속박물관
갯벌	천문대	코엑스 아쿠아리움	국립중앙박물관	경기도	국립민속박물관
고성 공룡박물관	자연생태박물관	옹기민속박물관	국립민속박물관	이화여대자연사박물관	삼성어린이박물관
서대문자연사박물관	세종문화회관	기상청	전쟁기념관	전쟁기념관	서대문자연사박물관
옹기민속박물관	예술의 전당	시장 체험	판소리	천마산	선유도공원
어린이 교통공원	어린이대공원	에버랜드	DMZ	한강	소방서와 경찰서
어린이 도서관	서울놀이마당	경복궁	시장 체험	화폐금융박물관	시민안전체험관
서울대공원		강릉단오제	광릉	호림박물관	경상북도
남산자연공원		몽촌역사관	홍릉 산림과학관	홍릉 산림과학관	월드컵공원
삼성어린이박물관		국립현대미술관	국립현충원	우포늪	육군사관학교
			국립4·19묘지	소나무 극장	해군사관학교
			지구촌민속박물관	예지원	공군사관학교
			우정박물관	자운서원	철도박물관
			한국통신박물관	서울타워	이화여대자연사박물관
				국립중앙과학관	제주도
				엑스포과학공원	천마산
				올림픽공원	천문대
				전라남도	태백석탄박물관
				경상남도	판소리박물관
				허준박물관	한국민속촌
					임진각
					오두산 통일전망대
					한국천문연구원
					종이미술박물관
					짚풀생활사박물관
					토탈야외미술관

4학년 1학기 (34곳)	4학년 2학기 (56곳)	5학년 1학기 (35곳)	5학년 2학기 (51곳)	6학년 1학기 (36곳)	6학년 2학기 (39곳)
강화도	IT월드(과천정보나라)	갯벌	IT월드(과천정보나라)	경기도박물관	IT월드(과천정보나라)
갯벌	강화도	광릉수목원	강원도	경복궁	KBS 방송국
경희대자연사박물관	경기도박물관	국립민속박물관	경기도박물관	덕수궁과 정동	경기도박물관
광릉수목원	경복궁 / 경상북도	국립중앙박물관	경복궁	경상북도	경복궁
국립서울과학관	경주역사유적지구	기상청	덕수궁과 정동	고성 공룡박물관	경희대자연사박물관
기상청	경희대자연사박물관	남산골 한옥마을	경상북도	국립민속박물관	광릉수목원
농촌 체험	고창, 화순, 강화 고인돌유적	농업박물관	경희대자연사박물관	국립서울과학관	국립민속박물관
서대문자연사박물관	전라북도	농촌 체험	고인쇄박물관	국립중앙박물관	국립중앙박물관
서대문형무소역사관	고성 공룡박물관	서울국립과학관	충청도	농업박물관	국회의사당
서울역사박물관	충청도	서울대공원 동물원	광릉수목원	롯데월드 민속박물관	기상청
소방서와 경찰서	국립경주박물관	서울숲	국립공주박물관	몽촌토성과 풍납토성	남산
수원화성	국립민속박물관	서울시청	국립경주박물관	민주화현장	남산골 한옥마을
시장 체험	국립부여박물관	서울역사박물관	국립고궁박물관	백범기념관	대법원
경상북도	국립서울과학관	시민안전체험관	국립민속박물관	서대문자연사박물관	대학로
양재천	국립중앙박물관	경상북도	국립서울과학관	서대문형무소 역사관	민주화 현장
옹기민속박물관	국립국악박물관 / 남산	양재천	국립중앙박물관	서울역사박물관	백범기념관
월드컵공원	남산골 한옥마을	강원도	남산골 한옥마을	조선의 왕릉	아인스월드
철도박물관	농업박물관 / 대법원	월드컵공원	농업박물관	성균관	서대문자연사박물관
이화여대자연사박물관	대학로	유명산	롯데월드 민속박물관	시민안전체험관	국립서울과학관
천마산	롯데월드 민속박물관	제주도	충청도	경상북도	서울숲
천문대	몽촌토성과 풍납토성	짚풀생활사박물관	서대문자연사박물관	암사동 선사주거지	신문박물관
철새	불국사와 석굴암	천마산	성균관	운현궁과 인사동	양재천
홍릉 산림과학관	서대문자연사박물관	한강	세종대왕기념관	전쟁기념관	월드컵공원
화폐금융박물관	서울대공원 동물원	한국민속촌	수원화성	천문대	육군사관학교
선유도공원	서울숲	호림박물관	시민안전체험관	철새	이화여대자연사박물관
독립공원	서울역사박물관	홍릉 산림과학관	시장 체험 / 신문박물관	청계천	중남미박물관
탑골공원	조선의 왕릉	하회마을	경기도	짚풀생활사박물관	짚풀생활사박물관
신문박물관	세종대왕기념관	대법원	강원도	태백석탄박물관	창덕궁
서울시의회	수원화성	김치박물관	경상북도	해인사 고려대장경과 장경판전	천문대
선거관리위원회	승정원 일기 / 양재천	난지하수처리사업소	옹기민속박물관	호림박물관	우포늪
소양댐	옹기민속박물관	농촌, 어촌, 산촌 마을	운현궁과 인사동	유니세프 한국위원회	판소리박물관
서남하수처리사업소	월드컵공원	들꽃수목원	육군사관학교	무령왕릉	한강
중랑구재활용센터	육군사관학교	정보나라	이화여대자연사박물관	현충사	홍릉 산림과학관
중랑하수처리사업소	철도박물관	드림랜드	전라북도	덕포진교육박물관	화폐금융박물관
	이화여대자연사박물관	국립극장	전쟁박물관	서울대학교 의학박물관	훈민정음
	조선왕조실록 / 종묘		창경궁 / 천마산	상수허브랜드	상수도연구소
	종묘제례		천문대		한국자원공사
	창경궁 / 창덕궁		태백석탄박물관		동대문소방서
	천문대 / 청계천		한강		중앙119구조대
	태백석탄박물관		한국민속촌		
	판소리 / 한강		해인사 고려대장경과 장경판전		
	한국민속촌		화폐금융박물관		
	해인사 고려대장경과 장경판전		중남미문화원		
	호림박물관		첨성대		
	화폐금융박물관		절두산순교성지		
	훈민정음		천도교 중앙대교당		
	온양민속박물관		한국에너지기술연구원		
	아인스월드		한국자수박물관		
			초전섬유퀼트박물관